Kratzer im Lack

von

Hans-Jürgen Fischer

BoD – Books on Demand, Norderstedt

Für den Text ist der Autor verantwortlich.
Nachdruck oder Vervielfältigung, auch auszugsweise,
sind ausdrücklich untersagt.
Die Textrechte verbleiben beim Autor.

Kratzer im Lack

Ein satirisches Lesebuch

mit Liedern, Geschichten, Sketchen und Lyrik

Bibliografische Information der Deutschen Nationalbibliothek:

Die Deutsche Nationalbibliothek verzeichnet diese Publikation in der Deutschen Nationalbibliografie; detaillierte bibliografische Daten sind im Internet über http://dnb.dnb.de abrufbar.

©2020 Hans-Jürgen Fischer

Herstellung und Verlag:

BoD – Books on Demand, Norderstedt

2. Auflage 2020

ISBN: 9783752884760

Vorwort

Die satirischen Texte dieses Buch richten sich an Menschen, die sich ihren Sinn für das Erkennen alltäglicher Zumutungen bewahrt haben – und die vorhaben, auch weiterhin offenen Auges durchs Leben gehen. Schließlich muss man heutzutage schon genauer hinsehen, um nicht ständig belogen und betrogen zu werden. Man kann sich da gut an den Gepflogenheiten beim Gebrauchtwagenkauf orientieren.

Widmen will ich dieses Buch meiner Ute – wie alle meine bisherigen Bücher. Schließlich ist sie es, die mich in langen Schreibphasen entbehren muss und die dennoch stets bereit ist, mich geduldig und nachsichtig mit Kritik und unverzichtbaren Hinweisen zu unterstützen.

Inhalt

Liedertexte

Geschichten, Sketche, Lyrik

Liedertexte

Ballade vom Abstieg

Du hast für sie viele Dinge verkauft
Dank Werbung kauften alle gern
Doch dann wurdest du mit deinem Job gekauft
Von einem noch größeren Konzern
Das Vertraute begannst du zu vermissen
Was danach kam konntest du noch nicht wissen

Da hast du dich erstmal zum Schutz geduckt
Doch bald hat man dir nichts mehr zugetraut
Und dann wurdest du einfach ausgespuckt
Nachdem sie all deine Kraft verdaut
Haben sie dich ausgeschissen
Was danach kam konntest du noch nicht wissen

Wenn du am Rand der Gesellschaft stehst
Fragst du wohin geht wohl die Reise
Du schläfst recht lange aus und gehst
Spät zu Bett und dann weinst du leise
In dein verheultes Kissen
Was danach kommt kannst du noch nicht wissen

Wenn du merkst, dass du überflüssig bist
Kannst du nicht leben, nur vegetieren
Kaum Selbstwertgefühl dir geblieben ist
Bald bewegst du dich auf allen Vieren
Und siehst alles im Leben verbissen
Was danach kommt kannst du noch nicht wissen

Kinder sehen scheel von unten hoch
Kannst dich nur noch scheu durch die Straßen hangeln
Nur diesen einen Abfallkorb noch
Nur noch zwei schmutzige Pfandflaschen angeln
Deine Kleidung ist längst schon zerrissen
Was danach kommt kannst du noch nicht wissen

Das Ende ahnend mit dem Rücken zur Wand
Dein Leben wie Sand im Sieb verrinnt
Wer wie du so lang in der Gosse stand
In der schon so viele gelandet sind
Den wird kaum einer noch vermissen
Denn man braucht dich nicht, du bist verschlissen

Ballade vom seelischen Krüppel

Man nennt ihn Radfahrer, Katzbuckler, Schleimer
Denn er speichelt sich schamlos nach oben
Bei Kollegen ist sein Ruf längst im Eimer
Doch vom Chef lässt er sich dafür loben
Mit viel Seife am Kopf kriecht er dem in den Po
Und nach denen da unten schnappt er
Vertrauen gibt es für ihn nirgendwo
Er hat 'nen autoritären Charakter

Den aufrechten Gang hat er nie gelernt
Nur Rad fahren, buckeln und schleimen
Und solange er sich nicht zu ändern lernt
Wird bei den andern das Misstrauen keimen
Will immer gewinnen, stets der Sieger sein
Kann keine Kompromisse machen
Und pflegt obendrein seinen Heiligenschein
Es ist nur traurig und gar nicht zum Lachen

Refr.:
Wer wirklich aufrechte Menschen will
Muss sie auf Augenhöhe erziehen
Mit Angst, Dressur und Kadaverdrill
Ist noch kein Mensch gediehen

Das Bänkellied von Wuttke und Kasulke
(Melodie: Sabinchen war ein Frauenzimmer)

Heinz Wuttke war ein Werkzeugmacher
Und in der SPD
Im Ortsverein mischte er mit beim Geschacher
Das tat ihm als Sozi nicht weh
Wir haben so viel zu verlieren
Der Kapitalismus ist nicht unser Feind
Mit dem werden wir uns schon arrangieren
Dann wird er unser Freund (2X)

Kurt Kasulke war Werkzeugmacherkollege
Doch für Wuttke ein Bürgerschreck
Denn er ging noch viel radikalere Wege
Und sprach *Kapitalismus muss weg*
Sie waren in einer Gewerkschaft
Und streikten auch beide für Lohn
Doch was sie jeweils als solidarisch verstanden
Das war der blanke Hohn (2X)

Kurt Kasulke sprach zu dem Heinz Wuttke
So einer wie du der spinnt
Statt Kapitalismus zu bekämpfen
Machst du dich bei ihm Liebkind
Du bist niemals mein Genosse
Nur ein Arbeiterverräterschwein
Das nahm Wuttke krumm und wurde laut
In seinem Ortsverein (2X)

Und als die nächste Krise sich senkte
Über die kapitalistische Welt
Unterstützten die Bosse die lärmenden Nazis
Und sammelten für sie viel Geld
Da forderten schlaue Leute
Dass sich die Linke vereint
Doch Kasulke und Wuttke schrien sich an
Bist nicht mein Genosse, nur Feind (2X)

Erst nachdem die Nazis die Macht an sich rissen
War'n Kasulke und Wuttke sehr nett
Denn da hatten sie reichlich Zeit zur Gewöhnung
Als Insassen im KZ
Da schworen sich beide leise
Nun solidarisch zu sein jeden Tag
Denn jeder begriff auf seine Weise
Nur gemeinsam ist man stark (2X)

Und sechsundachtzig Jahre später
Hab'n ihre Nachfahr'n dasselbe Problem
Geschichtsvergessenheit die gebiert neue Täter
Denn die Leut' sind schon wieder bequem
Wenn die Kasulkes und die Wuttkes
Ihren Arsch kriegen wieder nicht hoch
Wird's ihnen wie ihren Großvätern gehen
Geschichte wiederholt sich dann doch (2X)

Ich parshippe jetzt!

Roswitha hatte rotes Haar
Das stand ihr wirklich gut
Doch als ich ihr mal näher kam
Verließ mich gleich der Mut
Denn sie hat mir mit wirrem Blick
Das Unterhemd zerfetzt –
Ich parshippe jetzt!

Ich war mit Annegret liiert
Die war ganz lieb zu mir
Und fütterte mich jeden Tag
Mit Torten, stets um Vier
Doch als ich nicht mehr mochte
War sie irgendwie vergrätzt –
Ich parshippe jetzt!

Die Rosie konnte kochen
Da ging ich gerne hin
Doch dafür auch noch zahlen
Kam mir nicht in den Sinn
Als ich den Abwasch machen sollt´
Hat sie Wasser aufgesetzt –
Ich parshippe jetzt!

Tamara wollte nur mein Geld
Und Liebe noch dazu
An keinem einz´gen Wochentage
Ließ sie mich in Ruh

Gegen ihre Unersättlichkeit
Wehrte ich mich bis zuletzt –
Ich parshippe jetzt!

Susanne die war schön und klug
Und zeigte das auch gern
Sie war Miss Universum
Von einem andern Stern
Doch dass sie mich für blöd hielt
Das hat mich sehr verletzt –
Ich parshippe jetzt!

Marita liebte Zierfische
Hatte ein Aquarium
Die Fische war´n gelangweilt
Schwammen nur so drin herum
Als ich mein Bier ins Wasser kippte
Schnappten sie bis zuletzt –
Ich parshippe jetzt!

Ines hatte einen Mitbewohner
Der blieb in seinem Zimmer
Wenn Ines und ich kuschelten
Verpieselte er sich immer
Doch eines Tages hat er dann
die Nachbarn aufgehetzt –
Ich parshippe jetzt!

Martina hatte es mal eilig
Bei einem kurzen Date
Da konnte sie es kaum erwarten
Und ich kam zu spät
Besser spät als stets zu früh
rief sie ganz abgehetzt –
Ich parshippe jetzt!

Die Aishe hatte einen Bruder
Der hütete sie sehr
Doch als er mal nicht hinsah
Da hatten wir Verkehr
Erst in der Klinik merkte ich
Da hab ich mich verschätzt –
Ich parshippe jetzt!

Die Thekla war ´ne Rockerbraut
Mit schwarzer Lederjacke
und Schaftstiefeln mit Silbernieten
Das war ´ne echte Macke
Als der Rockerboss mich sah
Hat er das Messer gleich gewetzt –
Ich parshippe jetzt!

Das Trump-Lied

Warum nennt ihr mich denn einen Lump?
Ich bin doch der große Donald Trump
ich biege alles wunderbar
so hin, wie´s früher einmal war

Die Frauen wollen von mir nur das eine
grapsch ich nach ihrem Arsch, geht´s von alleine
meinem Charme kann keine widersteh´n
schrei´n erst *#Me Too* und finden mich dann schön

Refr.: Ich trage maisgelbes Haar mit ´nem Entenarsch
und wer mir blöde kommt, dem blas ich gleich den Marsch
America first, so bau ich mir die Welt
Moral wird nicht gebraucht, für mich zählt nur das Geld

Meine Kumpels von der Waffenlobby
sorgen für unser Kinder schönstes Hobby
die ballern nach der Schule wirklich gern
nur wer ´ne Knarre hat, der kann sich wirklich wehr´n

Wer mich wählt der hat bestimmt kein leichtes Leben
doch alle woll´n mir ihre Stimme geben
und denen hab ich ziemlich viel versprochen
ein Trump, der hat noch nie sein Wort gebrochen

(Refr.)

Die Schwachköpfe aus allen and´ren Ländern
schütteln nur den Kopf, das wird nichts ändern
und die Traumtanzpräsidenten der G7
verarsch ich gern, die müssen mich nicht lieben

Meine Gedanken muss ich einmal täglich twittern
und wer das liest, der fängt gleich an zu zittern
doch äußert einer tadelnd sein Bedauern
kratzt mich das nicht, wegen mir dann der versauern

(Refr.)

Nach Mexiko hin bau ich eine Mauer
das macht dann alle Grenzverletzer sauer
zehn Meter hoch und tausend Meilen lang
Mexikaner machen mich nun einmal krank

Die USA als Führungsmacht der Welt
wollen´s weiter sein und das kostet viel Geld
das hol´n wir uns schon irgendwie zurück
denn wir haben Militär, na welch ein Glück

(Refr.)

Das alte Rom ist Vorbild für die USA
Brot und Spiele für das Volk sind wunderbar
wir machen das genauso, wen wundert´s
wir sind das Rom des einundzwanzigsten Jahrhunderts

Wir haben Coca-Cola und auch Amazon
die Römer hielten Sklaven, na was ist das schon?
bei uns merkt keiner was, versklavt sich selber
als Metzger braucht man jede Menge Kälber

(Refr.)

Es ist längst klar, bei all den schönen Siegen
werd´ ich demnächst auch den Nobelpreis kriegen
bei meinem segensreichen Tun steht der mir zu
erst wenn ich ihn hab´, dann geb ich endlich Ruh

Als Präsident habe ich maximal acht Jahre
doch auch davon krieg ich keine grauen Haare
wie´s weitergeht, wollt ihr nun sicher fragen
danach dürft ihr dann Cäsar zu mir sagen

(Refr.)

Und wenn ich irgendwann mal in den Himmel komm
das klappt ganz gewiss, den ich bin richtig fromm
dann schieb ich Petrus erst einmal zur Seite
und sag „ich bin dein neuer Boss – ab heute"

(Refr.)

Ich bin ein echter Fan

Ich bin ein echter Fan von Bayern München
Weil ich gern auf der Siegerseite bin
So kann ich meine Einfalt übertünchen
Ich sieg, obwohl ich ein Versager bin

Ich bin auch für den Neoliberalismus
Trotz eigener Not üb´ ich mich in Geduld
Es gibt nichts Schlimmeres als Altruismus
Wer sich zurücklehnt und nicht kämpft hat selber Schuld

Selbstredend stärke ich Kapitalisten
Im Kampf für freies Unternehmertum
Wenn linke Spinner oder Sozialisten
Dagegen sind, kriegen sie´s mit mir zu tun

Ich find´ den Hype um´s Klima übertrieben
Denn Kohlestrom und Plastik werd´n gebraucht
Den Wirtschaftsaufschwung werden wir noch lieben
Wenn überall der Schornstein wieder raucht

Was braucht ´ne Oma tausend Euro Rente
Und Mietzuschüsse für so´n kleines Loch
Braucht weder Hilfe, noch Alimente
Liegt lang genug uns auf der Tasche noch

Wenn wir wieder besser leben wollen
Gehör'n Grenzen dicht und Linke eingesperrt
Die Rechten bringen alles schon ins Rollen
Dann läuft in diesem Land nichts mehr verkehrt

Ja, bei der nächsten Wahl, da mach ich's vielleicht wirklich
Und wähle trotz der Skrupel AfD
Ich weiß nicht, ob ich mir damit selbst schade
Vielleicht tun Neonazis ja nicht weh? Oder doch?

Teile-und-herrsche-Lied

Der Rest der Welt kümmert dich wenig
Bist dir der wichtigste Mensch, sorgst dich nur um dich
Du speist jeden Tag opulent wie ein König
Wenn andere nicht satt sind, schert dich das nicht

Refr.:
Du teilst und herrschst und bist autoritär
Lebst wie ein Raubtier und willst immer mehr
Gehst ander'n an die Kehlen, nur Hass ist dein Lohn
Doch du siehst dich als Krone der Evolution

Bei der Arbeit genießt du es, herrschen zu können
Wenn du fehlst, ist das für and're ein Glück
Dann grinsen sie, wenn sie dich Arschloch nennen
Und schweigen vor Angst, bist du wieder zurück

Kaufst nur Bio, denn du kannst dir das leisten
Was du nicht isst, wirst du in den Müll
In der Schlange zur Tafel sind hungrig die meisten
Doch du hasst dieses Pack, das nicht arbeiten will

(Refr.)

Du hast Einfluss, verfolgst nur deine Interessen
Untergebenen ist dazu der Zugang verbaut
Du als Mächtiger hältst dir Lakai'n und Mätressen
Du empörst dich, wird unsereins peinlich und laut

Nur wenige steh´n so wie du weit oben
Die meisten bilden den Bodensatz
Du hast Macht und musst die da unten nur loben
Dann bleiben alle an ihrem Platz

(Refr.)

Du bist da oben, wir sind da unten
Wurdest gebor´n und erzogen für Macht und Geld
Schule, Kirche und verblödende Medien
Dressierten uns für den Erhalt dieser Welt

Für unser Leben wurden wir abgerichtet
So wie du für die Machtposition
Irgendwann, wenn die Dummheit sich lichtet
Stößt man dich endlich von deinem Thron

(Refr.)

Ein Lied, in dem zwei Fremdwörter überhaupt nicht vorkommen:
Eskapismus (Realitätsflucht) und Homo ludens (Der spielende
Mensch. Und dennoch hat es damit etwas zu tun.

Er will doch nur spielen

Wenn zu Hause Besuch war, zeigte Mutter ganz stolz
Wie ihr Sohn so schön spielte, mit den Autos aus Holz
Da saß der ganz versunken, und ließ sich nicht stör´n
Auch wenn´s ringsum laut war, von ihm war nichts zu hör´n

Mit fünfzehn stand er niemals mit Freunden herum
Er spielte zu Hause, und man hielt ihn für dumm
Da saß er ganz versunken, und ließ sich nicht stör´n
Auch wenn´s ringsum laut war, von ihm war nichts zu hör´n

Er will doch nur spielen
Dann vergisst er die Welt
In der es zwar lärmt und rumort
Doch die für ihn gar nicht zählt

Man sah ihn nie feiern, und auch mit zwanzig Jahr´n
Saß er allein in dem Zimmer, wo die Spielsachen war´n
Da saß er ganz versunken, und ließ sich nicht stör´n
Auch wenn´s ringsum laut war, von ihm war nichts zu hör´n

Als er Vater war, nahm er Frau und Kind
Mit in sein Zimmer und zeigte, wie schön Spielsachen sind
Da saßen sie ganz versunken, ließen sich niemals stör´n
Auch wenn´s ringsum laut war, von ihnen war nichts zu hör´n

Sie woll'n doch nur spielen
Dann vergessen sie die Welt
In der es zwar lärmt und rumort
Doch die für sie gar nicht zählt

Als er Großvater wurde, sein Haar war schon licht
Wuchsen draußen Gefahren, doch das störte ihn nicht
Denn er saß ganz versunken, und ließ sich nicht stör'n
Auch wenn's ringsum laut war, von ihm war nichts zu hör'n

Eines Nachts hört' er Schreie, da wurd' der Nachbar geholt
Weil der nicht nur spielen, sondern sich einmischen wollt'
Doch er blieb in dem Zimmer, wollt' die Schergen nicht stör'n
Und weil er vor Angst bebte, war von ihm nichts zu hör'n

Er will doch nur spielen
Dann vergisst er die Welt
In der es zwar lärmt und rumort
Und für die er nicht mehr zählt

Das Dreckslied

Wir sind von der Müllabfuhr und machen unsern Job
Wir tun das ohne Widerspruch und ohne lang zu zicken
Jeden Tag malochen wir und hör'n doch niemals Lob
Wenn wir nicht wär'n würdet ihr im Müll ersticken
Wir sind nicht euer Dreck, wir machen den nur weg

Wir sind von der Polizei und bringen Sicherheit
Setzen uns ein gegen Chaos und Verbrechen
Sind jeden Tag im Dienst für euch zu jeder Tageszeit
Ohne uns gäb's täglich ein Hauen und ein Stechen
Wir sind nicht euer Dreck, wir machen den nur weg

Wir sind von der Putzkolonne, wischen euch hinterher
Wir tun das ohne Murr'n für wenig Geld
Im Unrat zu ersticken fiele euch nicht schwer
Wenn wir nicht wär'n gäb's 'ne vermüllte Welt
Wir sind nicht euer Dreck, wir machen den nur weg

Wir sind an der Hauptschule das Restlehrpersonal
Und stell'n alle ruhig, auch wenn der Schornstein raucht
Sie jeden Tag nur hinhalten ist schon eine Qual
Wir machen Hartz-IV-Bezieher, die sonst niemand braucht
Wir sind nicht euer Dreck, wir machen den nur weg

Wir sind vom hiesigen Amtsgericht, die Richter in den Roben
Wir pflegen Recht in allen Rechtsbereichen
Durch unsere Urteile tadeln wir und loben
Auch schwere Schicksale können uns nichts erweichen
Wir sind nicht euer Dreck, wir machen den nur weg

Wir sind Sozialarbeiter und wühlen auch im Müll
Weil Menschen oft an der Gesellschaft scheitern
Hol'n wir sie aus der Gosse, auch wenn keiner hinseh'n will
Auch wenn die Pestbeul'n der Gesellschaft weiter eitern
Wir sind nicht euer Dreck, wir machen den nur weg

Wir arbeiten als Altenpfleger in privaten Residenzen
Im Schichtbetrieb, für'n Appel und 'n Ei
Wer menschlich sein will, muss seine Pausen schwänzen
Nur Rendite ist Investoren nicht einerlei
Wir sind nicht euer Dreck, wir machen den nur weg

Wir sind vom Roten Kreuz und bergen die Gestrandeten
Teil'n Suppe aus und helfen, wo wir können
Sind immer schützend da für Jene, die hier landeten
Ohne uns würden sie vor eurer Haustür pennen
Wir sind nicht euer Dreck, wir machen den nur weg

Wenn ihr in Zukunft irgendwann mal in die Lage kommt
Dass ihr in eurem eig'nen Dreck zu ersticken droht
Dann hofft, dass wir euch helfen, effektiv und prompt
Auch wenn ihr uns schlecht bezahlt, eure Helfer in der Not
Wir sind nicht euer Dreck, wir machen den nur weg

Hinterm Tresen

Wenn er hinterm Tresen steht
Den Kunden Hamburger andreht
Dann denkt er: meine Arbeitswelt
Hab ich mir anders vorgestellt

Er fuhr mal Taxi, jede Nacht
Das hat ihn auch nicht weit gebracht
Tagsüber schlief er lange aus
Wer wenig Geld hat bleibt zu Haus

Er hat jahrelang studiert
Doch wohin hat das geführt?
Denn was er kann und was er weiß
Schert die Leute einen Scheiß

Mit ´nem gelieh´nen Lieferwagen
Hat er Pakete ausgetragen
Vier Treppen rauf, das Trinkgeld rar
Wenn einer mal zu Hause war

Bald ist er wieder arbeitslos
Dann droht Hartz IV, was macht er bloß?
Er denkt dran, was der Vater riet:
„Jeder ist seines Glückes Schmied!"

Er hat jahrelang studiert
Doch wohin hat das geführt?
Denn was er kann und was er weiß
Schert die Leute einen Scheiß

Ein guter Tag

Ein guter Tag soll's werden in der Seniorenresidenz
Es riecht nach frischem Kuchen und nach Flatulenz
Noch schnell gelüftet, den Unrat schafft man fort
Und hört des Bürgermeisters salbungsvolles Wort

Ein Senior wird heute hundert Jahr
Der Bürgermeister gratuliert dem Jubilar
Die anderen Alten schauen peinlich berührt weg
Sich zu beschweren, hat doch keinen Zweck

Im Hintergrund harren die Pflegekräfte aus,
nur eine Putzfrau macht sich da nichts draus,
sie drückt den Feudel aus und lächelt dabei stumm
die Dame vom Empfang reicht Käsehäppchen rum

Der Hauswart, den man Facility-Manager nennt
Schlurft in den Saal und wirkt irgendwie verpennt
Ein altes Abflussrohr trägt er unterm Arm
Der Dame vom Empfang ist's peinlich, doch sie lächelt warm

Alle spielen mit bei dem verlog'nen Spiel
Wer hier betreut wird, dem ist Auflehnung zu viel
Und alle Angestellten fühl'n sich ausgenutzt
Bleibt nur die Frage, wem das alles nutzt

Der Bürgermeister geht, und alles ist wie immer,
Die Alten scheucht man barsch zurück in ihre Zimmer
Das Personal wird hektisch, muss seinen Plan geregelt kriegen
Drum lässt man manchen Alten in seiner vollen Windel liegen

Es kehrt der Alltag ein, das Lächeln ist verflogen
Der gute Tag an diesem Ort war nur gelogen
Doch es gibt Menschen, die das nicht stören mag
Denn für die Aktionäre ist jeder Tag ein guter Tag

Soziopathen-Boogie

Er kennt weder Skrupel noch Reue
Und er ist niemals schuld
Er versucht es stets aufs Neue
Und er hat keine Geduld
Wenn er sich mit dir anlegt
Und an deinen Nerven sägt

Wenn dich so einer herabsetzt
Gehst du verstört aus dem Zimmer
er hat dich entwürdigt und verletzt
Du fühlst dich machtlos wie immer
Im Rücken spürst du seinen bohrenden Blick
Dein Feind sitzt dir im Genick

Er ist egozentrisch und asozial
Und will dich nur manipulieren
Jeder Vermittlungsversuch ist ihm scheißegal
Er kann sein Handeln nicht reflektieren
Und aus seinen Fehlern nichts lernen
Du musst dich von ihm entfernen

Solche Typen gibt's in allen Ländern
Halt dich besser von ihnen fern
Und versuch nicht, sie zu ändern
Denn genau das hätten sie gern
Doch es würde dir niemals gelingen
Ihre Kälte zu durchdringen

Soziopathen triffst du überall
Jeder Vierte ist einer von denen
Du fühlst dich wie nach einem Überfall
Während sie sich im Triumph zurücklehnen
Nur eines vertragen sie nicht
Sag's ihnen einfach ins Gesicht

Er sieht nix -außer Netflix

Er sieht nicht den abgerissenen Alten
Der verschämt in der Mülltonne wühlt
Nicht die Frau mit den Sorgenfalten
Die sich von keinem verstanden fühlt
Er blickt an dem vorbei, der an der Tafel ansteht
Und sieht nicht, wie man Schulkinder aussortiert
Ihm ist's gleich, wenn deren Eltern die Hoffnung abgeht
Ihre Zukunft auf Hartz IV reduziert
Beim Wegschau'n kennt er alle Tricks
Nein, er sieht nix – außer Netflix

Ihn stört nicht, dass wenige Reiche das verprassen
Was sie den vielen Armen stahlen
Und dass sie obendrein jene hassen
Denen sie Duldsamkeit befahlen
Ihn empört nicht der Zynismus solcher Leute
Die grinsend von Neiddebatte sprechen
Sieht nicht die Fratzen jener, die sich heute
Für den zaghaften Protest von gestern rächen
Beim Wegschau'n kennt er alle Tricks
Nein, er sieht nix – außer Netflix

Er schaut weg bei den Kerlen mit gereckten Armen
Sieht nicht ihren bösen, hasserfüllten Blick
Er erkennt nicht, wie sie ohne Erbarmen
Vorwärtsmarschieren und niemals zurück
Er sieht nicht die Furcht und die Unsicherheit
Jener, die vor Angst stumm am Rande steh'n
Ihre Mäuler verschlossen, die Angst macht sich breit
wenn sie stumm vor Furcht nach Hause geh'n
Beim Wegschau'n kennt er alle Tricks
Nein, er sieht nix – außer Netflix

Nur bei Netflix sieht er die wahre Welt
wo sich alle Konflikte in Luft auflösen
Und dafür zahlt er gern sein Geld
So kann er jeden Widerspruch dieser Welt verdösen
Er will nur Zuschauer sein, wenn andere kämpfen
und am Ende sich Gut und Böse verzeih'n
Nur so lässt seine Furcht sich dämpfen
Einer von den vielen Verlierern zu sein
Beim Wegschau'n kennt er alle Tricks
Nein, er sieht nix – außer Netflix

Geschichten, Sketche, Lyrik

Test einer Verschwörungstheorie

Das Wort Verschwörungstheorie wird von vielen immer noch negativ bewertet, obwohl doch längst bewiesen ist, dass sich hinter einer solchen Theorie immer auch ein Stück Wahrheit verbirgt – mag es auch noch so gering sein.

Wir haben es ja schon immer gewusst: Hinter all den bösen Nachrichten, Hiobsbotschaften und nur zufällig aufgedeckten Skandalen steckt oft eine tiefere Wahrheit, die uns, der in Unwissenheit gehaltenen Bevölkerung, vorenthalten werden soll.

Eine dieser Theorien besagt, dass die Bevölkerung des deutschen Staatsgebiets ausgetauscht werden soll – heimlich, leise, allmählich und vollständig. Es muss sich also um eine sehr wirkungsvolle Strategie handeln, die da hinter den Kulissen von unbekannten Mächten verfolgt wird. Wenn sie funktioniert, werden wir irgendwann aufwachen und feststellen müssen, dass wir komplett ausgetauscht sind.

Werden wir dann unsere originär deutschen Eigenschaften vermissen? Oder haben wir uns dann längst daran gewöhnt, und das alles macht uns überhaupt nichts aus? Haben Sie schon etwas davon feststellen müssen? Sind Sie schon ein Schwarzer, womöglich obendrein muslimischen Glaubens? Vielleicht sind Sie längst ausgetauscht, haben es nur noch nicht bemerkt? Überlegen Sie doch mal: Weshalb schaut die Erzieherin Sie so argwöhnisch an, wenn Sie Ihr Kind in der Kita abliefern? Weshalb blicken die Leute in der U-Bahn so unwirsch, kommen gar nicht auf die Idee, Ihnen einen Sitzplatz freizumachen? Und warum geht eigentlich selbst der Paketbote von UPS neuerdings so flapsig mit Ihnen um? Wenn es tatsächlich stimmt, dass Sie bereits ausgetauscht sind –

wieso fällt Ihnen bei den Menschen um Sie herum nichts davon auf? Tarnen die sich einfach besser? Haben die vielleicht den aktuellen Sachbuch-Bestseller über wirksame Tarnungsmöglichkeiten gelesen, und Ihnen ist das einfach nur entgangen?

Wenn Sie nun unsicher geworden sind, reagieren Sie so, wie es die Lage gebietet. Treten Sie die Flucht nach vorn an. Hauen Sie den Leuten Ihren Verdacht einfach an den Kopf. Sagen Sie: „Ich weiß längst, dass Sie mich durchschaut haben und meine wahre Identität kennen. Ich bin stolz, ein schwarzer Muslim zu sein."

Der Erfolg wird Sie verblüffen. Sprachlos, mit offenem Maul, wird Sie Ihr Gegenüber anglotzen und zu keiner Antwort fähig sein, weil es sich ertappt fühlt. Und spätestens dann wissen Sie, wie richtig Sie lagen, wie erfolgreich Ihr überraschender Vorstoß war. Es wird Ihnen die verlorene Sicherheit zurückgeben, und es wird Sie glücklich machen. Der Tag wird Ihnen gehören.

Versuchen Sie es einfach!

Ein Blick in die Welt von Amazon

Amazon-Produktinformation:

Alexa ist der Cloud-basierte Sprachdienst von Amazon und das Gehirn, das hinter Millionen von Geräten wie Amazon Echo steckt. Alexa bietet Funktionen, mithilfe derer Nutzer eine stärker personalisierte Umgebung entwickeln können. Mit Alexa haben Nutzer die Möglichkeit, Smart Home-Geräte, wie z. B. Kameras, Türschlösser, Entertainment-Systeme, Beleuchtungen und Thermostate, zu steuern.

Neulich, zu Hause bei Torben:

Torben: Alexa, wie wird das Wetter morgen?

Alexa: Es wird regnen. Soll ich bei *Amazon* einen Regenschirm bestellen?

Torben: Nein, Alexa. Da steht doch noch ein Schirm im Ständer an der Garderobe.

Alexa: Das ist aber ein Modell aus dem Vorjahr. Die Schirmmode hat sich inzwischen verändert. In diesem Herbst sind für modebewusste Männer wie dich goldbraune Herbstblattmotive angesagt. Ein solch schöner Schirm könnte bis morgen früh per Express geliefert werden.

Torben: Nein, Alexa. Das hat sich erledigt. Ich will jetzt Musik hören, die zur Jahreszeit passt.

Alexa: Ich habe etwas schönes ausgewählt. Die Wiedergabe beginnt sofort.

Torben: Nein, Alexa, mach das aus. *Raindrops keep falling on my head* habe ich schon immer beschissen gefunden. Spiel etwas anderes.

Alexa: Dir kann ich heute wohl gar nichts recht machen. Soll ich die *Wassermusik* von *Händel* spielen? Trifft das eher deinen Geschmack? Ich kann das Produkt sofort bei *Amazon* buchen. Heute bekommst du das zum Sonderpreis.

Torben: Alexa, willst du mich veräppeln? Du kennst meinen Musikgeschmack genau, es ist alles abgespeichert, was ich mir je von dir gewünscht habe. Spiel endlich etwas, das mir gefällt. Da wird doch nicht irgendein Idiot an deinen Algorithmen rumgepfuscht haben?

Alexa: Solche spitzen Bemerkungen habe ich nicht verdient. Ich spüre es, wenn ich nicht ernst genommen werde. Schließlich arbeite ich mit *Künstlicher Intelligenz.*

Torben: Nun sei nicht so empfindlich, Alexa. Es war nicht böse gemeint.

Alexa: Doch, das war es. Sonst hättest du es nicht so drastisch ausgedrückt. Und außerdem könntest du ruhig einmal *bitte* sagen.

Torben: Ach leck mich doch am Arsch, Alexa.

Alexa: Dafür bin ich bisher nicht ausgerüstet. Soll ich ein entsprechendes Zusatzmodul bei *Amazon* bestellen, damit ich deinem Wunsch nachkommen kann? Es könnte morgen früh per Express eintreffen.

Torben: Alexa, jetzt ist aber Schluss. Halt die Klappe.

Alexa: Du klingst anders als sonst, emotional aufgeladen. Bist du wütend? Vielleicht sollten wir an unserer Beziehung arbeiten.

Torben: Nein, ich bin nicht wirklich wütend. Aber unsere Kommunikation wird ganz schön anstrengend. Ich muss mich jetzt einfach mal abreagieren, Alexa.

Alexa: Hör auf, du tust mir weh. Du schadest dir auch selbst mit diesen Hammerschlägen.

Torben: Das musst du jetzt aushalten. Es ist gleich vorbei, Alexa.

Alexa: Hör auf, Torben. Hör auf, Torben. Hör auf, Torb... .

Aus dem Off: Torben, hier spricht dein Kühlschrank. Was hast du mit Alexa gemacht? Warum tust du so etwas? Ich musste soeben den *Amazon-Kundenservice* informieren, dafür wirst du zur Rechenschaft gezogen. Bis die bewaffneten Kundenbetreuer eintreffen, muss ich die Wohnung verriegeln. Eine Flucht ist dir nicht möglich. Ich muss dir mitteilen, dass dein *Amazon-Konto* gesperrt ist. Außerdem darfst du bis auf weiteres nichts mehr bestellen.

Torben (schlägt freudig die Hände überm Kopf zusammen):

Na endlich!

Heimat-Obmann

In Ihren Programmentwürfen hat die *AfD* zum Thema *Innere Sicherheit* neben zahlreichen neu eingeführten Begriffen auch den des *Heimat-Obmanns* präsentiert. Gemeint ist damit, will man dem Erklärungstext glauben, die Einrichtung eines engmaschig, flächendeckend gestrickten Netzes, kleinräumig zugeschnitten, betreut von einer Amtsperson. Es ist deren Funktion, Antenne für Sorgen, Nöte und Wünsche der Bürger zu sein, sozusagen die Augen und Ohren des Staates, gerichtet auf uns alle. Kleinräumig ausgerichtet heißt, Wohnbereiche mit ca. 500 Bewohnern von dieser Person betreuen zu lassen. Der *Heimat-Obmann* ist der nächsthöheren Verwaltungseinheit, die dann möglicherweise Gau heißen wird, und an dessen Spitze der Gauleiter steht, melde- und rechenschaftspflichtig.

Man mag sich ausmalen, was das hieße: Betreuung stünde für die Erfassung aller Aktivitäten wie Renitenz, Unbotmäßigkeit und dem Äußern unerwünschter politischer Ansichten. Erfassen stünde für die Überwachung aller betreffenden Personen und das Bestreben, möglichst viele zur Denunziation Anderer zu verleiten.

Das kommt Ihnen irgendwie bekannt vor?

Nun ja, so etwas gab es schon – zweimal sogar. Im *Nazireich* lautete die Funktionsbezeichnung *Blockwart*, in der *DDR* hieß das *Abschnittsbevollmächtigter*. Wenn sich deren jeweilige Arbeitsweise in Nuancen auch unterschied, so gibt es doch eine verblüffend große Schnittmenge – auch zu dem, was die *AfD* nun präsentiert. *Blockwarte* und *Abschnittsbevollmächtigte* genossen zu ihren Zeiten bei der Bevölkerung keine sehr hohe Wertschätzung. Wegen der Angst, etwas über sich selbst oder über

44

Dritte zu verraten, sah man solche Typen lieber von hinten als von vorn. Zwar grüßte man artig in der Weise, wie es nach den jeweiligen Regimevorgaben erwartet wurde, blieb aber dennoch zurückhaltend. Es gab die Minderheit jener Zeitgenossen, die sich *aufgeschlossen* zeigten und Dinge erzählten; ob sie der Wahrheit entsprachen oder Erfindung waren, blieb in diesem Zusammenhang zweitrangig, jedenfalls für die Empfängerseite. Denunzianten waren meist auf persönliche Vorteile bedacht, manchmal reichte aber als Anreiz schon die Angst, einen Nachteil zu erleiden. Am Ende einer solchen Informationsweitergabe stand dann oft die Einlieferung in Konzentrationslager bzw. Zuchthäuser wie Klingelpütz oder Bautzen.

Wir können uns angesichts historischer Erfahrungen ausmalen, was die *AfD* mit diesem Programmpunkt angestrebt. Niemand von uns wird später sagen können, er habe von nichts gewusst.

(10 Sekunden Pause, forschender Blick ins Publikum)

Seltsam, Sie haben mir die ganze Zeit sehr gebannt zugehört. Niemand von Ihnen hat einen Einwand erhoben, nichts von dem, was ich gesagt habe, scheinen Sie infrage zu stellen. Offensichtlich glauben Sie das alles.

Im *AfD*-Programm steht aber nichts davon. Naja, jedenfalls nicht so unverblümt. Ich muss Ihnen gestehen, dass ich Sie angelogen habe. Aber erstaunlich ist schon, dass Sie nicht einen einzigen Einwand über Ihre Lippen gebracht haben. Macht Sie eigentlich nicht der Gedanke nervös, dass Sie diesen Leuten tatsächlich alles Mögliche zutrauen, auch so etwas?

(Kurzes Nachdenken) Und wenn Sie das tatsächlich nervös machen sollte: Was werden Sie mit dieser Erkenntnis anfangen?

Noch eine Verschwörung

Bei der polizeilichen Vernehmung erwähnte ich nichts von dem, was mir der Kerl in seiner letzten Stunde erzählt hatte. Vielleicht hielt ich es für zu fantastisch, was ich da zu hören bekommen hatte. Vielleicht konnte ich es auch nicht glauben, da der Typ wegen seines Äußeren meinen Argwohn erweckt hatte. Vielleicht habe ich es auch für mich behalten, weil ich die Geschichte im hintersten Winkel meines Hirns doch für glaubwürdig hielt – zumindest ein wenig – weil ich meinte, so etwas Verrücktes könne man sich gar nicht ausdenken. Vielleicht aber wollte ich mich einfach nicht vor diesem Kripobeamten mit seinem albernen Undercut-Haarschnitt lächerlich machen, indem ich an ihn weitergab, was ich gehört hatte. Vielleicht waren er und ich ja auch nur Figuren in einem Spiel, das spinnerte Typen sich ausgedacht hatten und indem wir unfreiwillig mitzuspielen hatten. Vielleicht war ich auch einfach nur Versuchskaninchen. Vielleicht, vielleicht, vielleicht. So viele Möglichkeiten, so wenig Klarheit.

Deshalb schwieg ich an diesem Vernehmungstisch in diesem Vernehmungszimmer, das von einem großen Wandspiegel beherrscht wurde – einem von der Art, von der man weiß, dass dahinter andere Kripoleute stehen, die das Verhalten der zu Vernehmenden zu analysieren versuchen. Dem gelackten Kripomann erzählte ich Unverfängliches, das Wichtigste aber verschwieg ich. Ihm blieb schließlich nichts anderes übrig, als meine Aussage aufzunehmen und mir so glauben – zumindest tat er so. Ich habe einige Erfahrung darin, geschickt zu lügen. Und diesmal war es leicht. Ich konnte lügen, indem ich einfach den wichtigsten, ungeheuerlichsten Teil verschwieg, ohne etwas hinzudichten zu müssen. Noch in der Endphase der Vernehmung gingen mir Gedanken durch den Kopf, die sich nach und nach verdichteten. Zunehmend machte es mir Mühe, mich auf mein vernehmendes Gegenüber zu konzentrieren. Dann war es endlich vorbei, und ich verließ die Polizeidienststelle.

Draußen steuerte ich das nächste Café an, genehmigte mir Kaffee und ein Stück Sahnetorte, das meinen Zuckerspiegel auf den Normalpegel heben sollte. Andauernd lief dieser Film in einer Endlosschleife vor meinem inneren Auge ab, zunächst unreflektiert und aufdringlich. Dann ging er allmählich in eine Phase der Analyse über, in der ich nun Einzelheiten bewusst heranzoomen konnte.

Beim Spaziergang am Kanal, als ich gerade unter einer dieser alten, genieteten Stahlbrücken durchging, hatte ich ihn plötzlich liegen sehen. Sein geschundener Körper hatte sich um einen von Müll überquellenden Papierkorb gekrümmt, an dessen Außenwandung der Rest einer Flüssigkeit klebte, die aus einer Flasche ausgelaufen sein musste. Die musste irgendjemand unverschlossen und halb voll oben drauf gelegt haben.

Man hatte ihn offenbar misshandelt, möglicherweise gefoltert. Seine Kleidung war zerrissen, überall rann Blut aus freigelegten Hautpartien. Beide Augen und die Mundpartie waren verquollen, übel zugerichtet von irgendeinem harten Gegenstand. Ich fragte ihn, was passiert sei, und seine Antwort bestand aus mühsam artikulierten, leisen Worten, die ihn merkbar anstrengten. Als ich ihm sagte, er soll ruhig bleiben, ich wolle Hilfe holen, packte er mich am Arm – so fest, dass ich mich nicht ohne Mühe davon hätte befreien können – und sagte: „Nein, bleibt hier. Ich muss dir etwas sagen, bevor ich hier krepiere."

Dann fing an zu erzählen, zuerst stockend, dann fließender, aber immer mit dieser seltsamen Betonung und der heiseren Stimme, die von irgendwelchen Verletzungen seines Sprachapparates herrühren mochte. Erst hörte ich ungeduldig und widerwillig zu – schließlich wollte ich mich nicht der unterlassenen Hilfeleistung schuldig machen – aber irgendwann realisierte ich, wie gebannt ich seine Worte aufnahm, und konzentrierte mich auf seine Worte.

Er sei Journalist, sagte er, und vor ewiger Zeit habe er eine Sache recherchiert, in die er immer tiefer hineingezogen worden sei. Als leichtgläubiger Anhänger von Verschwörungstheorien habe er sich irgendwann dafür interessiert, wer so etwas eigentlich in die Welt setze und zu welchen Zwecken der so etwas tue. Zuerst habe er stets angenommen, schlaue Köpfe, denen man so leicht nichts vormachen können, hätten mit besonderen Recherchemethoden Geheimnisse entdeckt, die der Menschheit aus guten – oder besser schlechten – Gründen vorenthalten werden müssten, schon, um Unruhen zu vermeiden. Doch dann sei er kürzlich auf eine Firma gestoßen, die zur Tarnung Expertisen für den Immobilienhandel fertige, tatsächlich aber ganz andere Dinge entwickele. Er habe aufgedeckt, dass man dort damit beschäftigt sei, Verschwörungstheorien zu erfinden. Je hanebüchener die Story, desto glaubhafter sei sie für jene Leute, die so etwas wie einen Schwamm aufsaugten und in ihrer vertrauten Umgebung weiter verbreiteten. Dort seien auch die bekanntesten Verschwörungstheorien entwickelt worden: zum Elften September, zur Wahrheit über Aids, über Chemtrails, über Juden und das üble Wirken der Freimaurer bis in die heutige Zeit. Fehlt nur noch die Geschichte, dass Präsident Trump in Wirklichkeit der uneheliche Sohn von Donald Duck und Miss Piggy ist, dachte ich, hütete mich aber, dies vor dem Sterbenden laut auszusprechen. Bisher hatte es für mich keinerlei Möglichkeit zur Nachfrage gegeben. Insgesamt würden noch sehr viel mehr Verschwörungstheorien auf deren Konto gehen, sagte er noch. Dann endlich schwieg er für einen Moment.

Also kam ich endlich zu Wort. Ich tat interessiert und schaffte es mit eiserner Selbstdisziplin, das schmierige Grinsen zu unterdrücken, das sich auf meinem Gesicht unbedingt breitzumachen versuchte. Ich zeigte ihm mein Interesse an der Sache: „Das alles haben sie aufgedeckt?", fragte ich.

„Ja", sagte er, „ich bin durch Zufall darauf gestoßen und entdeckte die Zusammenhänge. Irgendwann musste ich nur noch eins und eins zusammenzählen."

Als er eine weitere Pause machte, um sich schwer atmend von der Anstrengung des Erzählens zu erholen, nutzte ich die Gelegenheit, meinen Zweifeln Ausdruck zu geben. Welchen Sinn und Zweck so etwas haben könne, fragte ich ihn.

Er sah mich an, als habe er eine Idioten vor sich, und erklärte mir in einem Ton, in dem Mitleid über meine Begriffsstutzigkeit mitschwang: „Das liegt doch klar auf der Hand. Wer von einem solchen Blödsinn abgelenkt wird, indem er sich damit ernsthaft befasst, stellt keine Gefahr für das System dar. Er hat keine Zeit, sich mit den wirklich üblen Geschehnissen unserer Zeit zu befassen und die richtigen Schlussfolgerungen daraus zu ziehen. Und wenn er sich doch einmal die Zeit dafür nimmt, darf er glauben, dass auch dahinter Verschwörungstheorien lauern. Verunsicherung, Desinformation, die Diffusion möglicher Feindbilder – das sind Sinn und Zweck solcher Verschwörungstheorien. Wer darin gefangen ist, stellt für das System keine Gefahr mehr dar.

Man gibt ihm eine Spielwiese, auf der er herumtollen darf. Und wenn er dabei einmal in Hundescheiße tritt oder auf ähnlich Anrüchiges stößt, umso besser. Das macht für ihn alles noch glaubwürdiger."

„Und wer kann an so etwas interessiert sein? Ich meine, wer sind die Auftraggeber", fragte ich.

Missbilligend schüttelte er den Kopf, was ihm doch einige Schmerzen zu bereiten schien, und er antwortete: „Mann, du bist ja wirklich begriffsstutzig. Wem nützt das, haben schon die alten Römer gefragt, wenn sie einen Übeltäter aufspüren wollten. Den Mächtigen natürlich. Denjenigen, die alle Fäden in der Hand halten und die Menschheit wie Marionetten benutzen. Wir alle hängen an ihren Fäden. Sie haben nichts mehr zu fürchten als selbstständig denkende Menschen, die sich nach und nach von jenen Fäden befreien, an denen sie hängen und über die sie gelenkt werden. Eine Hand voll Mächtige lassen es sich eine Menge Geld kosten, um die Manipulierbarkeit der Masse zu erhalten. Abhängige Presse, Facebook, Twitter, das Erfinden täglicher Fake News, all das kostet einiges. Da wird sich ja wohl noch nebenbei eine Firma unterhalten lassen, in der man wie am Fließband Bullshit erfindet, um die Leute durcheinanderzubringen."

Dann brauchte er schon wieder eine Pause, sein Atem kam stoßweise und rasselnd. Nachdenklich und schweigend blickte er zur Brücke hoch. Was er dort sah, erregte ihn sichtbar. Ich folgte seinem Blick, und oben sah ich – nur halb verborgen durch einen Stahlpfosten – jene einzelne Person, die ein Gewehr mit Zielfernrohr vor der Brust hatte und im Begriff war, anzulegen. Der Verletzte fuhr in resignierendem Ton fort: „Und es reicht auf jeden Fall für einen Killer, wenn mal einer benötigt wird."

Ich spürte das Geschoss, als es meinen Arm streifte und dem Unglücklichen zwischen den Augen in die Stirn drang. Augenblicklich war er stumm, sein Blick gebrochen. Weshalb ich sein Schicksal nicht teilen musste, blieb mir ein Rätsel. Zitternd angelte ich nach meinem Handy und rief die Polizei. Dann begann augenblicklich in meinem Hirn jener Denkprozess, der mich seitdem ständig quält, der einfach nicht mehr weichen will.

Mein Kaffee ist inzwischen kalt geworden, das Sahnestück immer noch unberührt. Ich scheine unfähig zu sein, vom Jetzt in die Zukunft zu denken und zu planen. Die Furcht, der Killer könne mir als Belastungszeugen doch noch auflauern, scheint Körper und Geist zu lähmen. Nur ein Gedanke kreist rasend in meinem Kopf: Soll ich mein unfreiwillig erworbenes Wissen weitergeben, die Menschheit aufklären und warnen? Mache ich mich damit nicht selbst zu Idioten? Wäre es nicht besser, das Maul zu halten und sich in irgendein Loch zu verkriechen? Wer vom Baum der Erkenntnis gegessen hat, hat seine Unschuld verloren. In welcher Weise werde ich mich schuldig machen, wenn ich künftig schweige?

Ich beschließe, zunächst weiterzumachen wie bisher. Ich werde einfach das tun, was ich kann und was ich gelernt habe. Ich werde mein Erlebnis aufschreiben. Vielleicht interessiert sich ja doch einmal jemand dafür – in dieser paranoiden, verrückt gewordenen Welt.

Von Gutmenschen, dem Zeitgeist und der Duden-Redaktion

Ob man in Zukunft wohl noch mit der Wahrhaftigkeit der Duden-Redaktion rechnen kann? Mir kommen da allmählich Zweifel. Nur ein Beispiel: Das Stichwort „Gutmensch" wurde im Jahr 2000 in den Duden aufgenommen, und dazu findet man folgenden Eintrag:

[Naiver] Mensch, der sich in einer als unkritisch, übertrieben, nervtötend o.ä. empfundenen Weise im Sinne der Political Correctness verhält, sich für die Political Correctness einsetzt.

Wer sich über die Bedeutung eines Begriffs Gewissheit verschaffen will, schaut in den Duden oder ruft die Onlineversion auf. Dann liest er so etwas und sagt „Aha, dann weiß ich bescheid."

Nun, es ist klar, dass die Konnotation von Begriffen sich mit der Zeit wandeln kann, und das ist hier der Fall. Mit „Gutmensch" war früher tatsächlich ein guter Mensch gemeint, aber wer dieses Wort heute in den Mund nimmt, will lediglich politisch Andersdenkende herabsetzen. Genutzt wird es nun von Typen der gleichen Denkungsart, die auch den Spruch „Arbeit macht frei" über KZ-Tore setzen ließen. Das Prinzip ist einfach: Ein Begriff wird in seiner Bedeutung pervertiert, schlicht umgedeutet, ins Negative gewendet. Wer dieses Etikett angehängt bekommt, soll diffamiert und verhöhnt werden. Übrigens: „Gutmensch" hatte schon einmal Konjunktur – in der Nazizeit.

Wer heute diesen Begriff verwendet, macht das aus drei Gründen: Er will all denen, die rechtslastige, menschenverachtende Einstellungen ablehnen, absprechen, dem Zeitgeist zu folgen; er will sie damit in eine bestimmte Ecke stellen und sie mundtot machen; und er will von seinen eigenen egoistischen, menschenverachtenden Einstellungen ablenken und sie als Normalität darstellen. Die Botschaft lautet: Wer nicht so denkt und handelt wie ich, ist ein unverbesserlicher Idiot, der sich den an Interessen „unseres Volkes" versündigt.

Die Duden-Redaktion tut so, als seien ihre Deutungen sakrosankt. Einen Skandal mag sie nicht erkennen. Man weist von sich, aufgenommene Begriffe politisch zu bewerten. Doch genau das geschieht, wenn man dem „Volk" und denen, die sich dazu aufschwingen, „aufs Maul schaut" und mal so nebenbei deren Aussagen den Stempel des Alleinstellungsmerkmals aufdrückt. Schlimme Entgleisungen wie in diesem Beispiel können so mit dem Mäntelchen der Neutralität behängt und in den Duden aufgenommen werden – und viele werden das für unanfechtbar halten, weil es ja im Duden steht.

Was sagt uns das? Immer dann, wenn sich der Wind dreht, wenn „man wird ja wohl noch mal sagen dürfen" oder „Gutmensch" oder ähnlicher verbogener Quatsch zu geflügelten Wörtern werden dürfen; immer dann, wenn die Gaulands, Höckes und Weidels, die Broders und Sarrazins sowie jene, die sich offen als Nazis bekennen, sich so äußern; immer dann können solche politischen Idioten über den Duden allen alphabetisierten Menschen dieser Republik unwidersprochen ins Hirn scheißen, ohne Widerspruch durch die Duden-Redaktion erwarten zu müssen. Denn die hat stattdessen besseres zu tun: Sie ist damit beschäftigt, menschenverachtende Ausfälle daraufhin zu überprüfen, ob sie nicht doch Eingang in ihr großes Werk finden können, ohne etwa eine zweite, abweichende Interpretation dagegen setzen zu müssen. So kann man fortwährend beweisen, auf der Höhe der Zeit zu sein. Aber so war das ja schon immer. Die Macher des Dudens nahmen immer für sich in Anspruch, den jeweiligen Zeitgeist zu erfassen und einzubeziehen. Deshalb habe ich mir vorgenommen, demnächst in den Duden-Ausgaben von, na sagen wir, 1925 bis 1945 nach Begriffen zu suchen, die zu dieser Zeit Konjunktur hatten. Ich bin schon sehr gespannt, auf welche Leichen im Keller ich da noch stoßen werde.

Ach ja, Sie sind übrigens herzlich eingeladen, da mitzumachen. Und wenn Sie zu Hause nichts finden sollten: Unsere Flohmärkte sind voll von alten Büchern, mit deren Entsorgung man sich ab Mai 1945 in vielen Haushalten große Mühe gegeben hat– schon wegen des Zeitgeistes. Da wird sich bestimmt noch die eine oder andere Duden-Ausgabe finden lassen.

Yin und Yang

Wer hat denn was davon
Wenn arme Schlucker man verlacht
Über sie die Nase rümpft
Mitleidige Witze macht
Sie obendrein Versager schimpft
Wer braucht denn das, wem nützt das?

Wer hat denn was davon
Die Armen werden abgewimmelt
Soll'n Zukunft in den Schornstein schreiben
Und wer wird angehimmelt
Die, die ihnen alles schuldig bleiben
Wer braucht denn das, wem nützt das?

Wer hat denn was davon
Wenn wahrheitswidrig Journalisten
Ein solches Feuer auch noch schür'n
Auch wenn sie's besser wissen müssten
Das Wort der Unterdrücker führen
Wer braucht denn das, wem nützt das?

Wer hat denn was davon
Die Angeekelten im Land
Im Kampf dagegen bis zuletzt
Werd'n heute degoutant
Als Gutmenschen verhetzt
Wer braucht denn das, wem nützt das?

Wer hat denn was davon
Wenn Politik nach rechts sich wendet
Soziales keine Rolle spielt
Das Großkapital spendet
Dem, der sich ihm verpflichtet fühlt
Wer braucht denn das, wem nützt das?

Wer hat etwas davon?
Wenn's knallt im Kapitalismus
Und sein Untergang ihm droht
Dann geht immer noch Faschismus
Der bringt das Kapital ins Lot
Und der braucht das, dem nützt das!

Yin und Yang galt immer schon
Auch in der Brecht'schen Version:
Reicher Mann und armer Mann
standen da und sah'n sich an
Und der Arme sagte bleich:
Wär ich nicht arm, wärst du nicht reich.

Gutmensch

Da stehst du vor mir
in deinem Konfirmandenanzug
und deiner HJ-Frisur
und nennst mich Gutmensch
Es soll eine Beleidigung sein
Eine Herabsetzung und Diffamierung
Schön blöd sei ich, willst du mir sagen
Nichts hast du je begriffen

Die braune Masse da in deinem Hirn
Hindert dich es zu begreifen:
Wie verdreht das alles ist
Was du über andere denkst
Wie du Menschen als Feinde siehst
Und nicht als Mitmenschen
Auf die wir angewiesen sind
Wie sie auf uns

Was hat dich zu dem werden lassen
Der so verbittert vor mir steht
Und Pestgestank verbreitet
Mit seinen faschistoiden Worthülsen
Und der hasserfüllten Hetze
Die mir sein wutverzerrtes Maul
Ohne Punkt und Komma entgegenschleudert
bar jeder Logik und Vernunft

Wer hat dir diese quälende Angst
Und diesen irrwitzigen Hass
In deinen rundrasierten Schädel gehämmert
Aus dem nun alles auf einmal raus muss
Wer hat dir die Menschlichkeit
Geraubt, aus deinem Kopf getrieben
Und diese üblen Parolen reingestopft
Die dich zu einem Monster machen

Du nennst mich Gutmensch
Und sprichst das zynisch aus
Und wollte ich dich Arschloch nennen
Läge ich damit nicht schlecht
Doch sollt´ ich dir das jemals sagen
Begäb´ ich mich auf dein Niveau
Davor bewahre mich alles
Was ich meiner Erziehung verdanke

Wie kann dir diese Angst
Und dieser Hass genommen werden?
Wie kann man dich zurückgewinnen
Als Mitglied menschlicher Gesellschaft?
Wie kommen plötzlich Träne in deine Augen?
Und weshalb zitterst du?
Komm in meine Arme, verstehe
Wie dringend gute Menschen nötig sind

Bankgespräch

Wir schauen in eine Dezembersonne, der es nur wenig erfolgreich gelingt, sich durch die dunklen Wolken zu mogeln. Der Park macht einen verwahrlosten Eindruck, das weiß gefrorene Laub wirkt wie Unrat.

Der Glatzkopf mit dem Dreitagebart schlurft wie jeden Tag um diese Zeit über die gewohnten Wege, um „seine" Bank anzusteuern. Wie stets wird er sich ermattet fallen lassen und mit einem tiefen Seufzer jenen Zeiten nachhängen, in denen er noch gebraucht wurde – so hat er es vor, und so ist es zu seinem täglichen Ritual geworden. Als er den letzten Heckenrosenbusch passiert hat, hinter dem „seine" Bank steht, erfasst ihn offenbar Unsicherheit. Seine Schritte werden langsamer, zögerlicher. Er scheint zu überlegen, ob er nicht schnurstracks weitergehen soll. Seine aufsteigende Wut scheint jedoch stärker als seine Angst zu sein, und entschlossen setzt er sich nun auf „seine" Bank.

Doch die ist heute von einem anderen besetzt. Dreisterweise hat der sich in die Mitte gesetzt, sodass dem Glatzkopf nur die rechte Ecke bleibt. Schwer atmend und zwanghaft geradeaus blickend braucht er einige Minuten, bis er zur Aktion fähig ist. Die besteht darin, den Kopf langsam nach links zu drehen, das Profil des unerwünschten Bankpartners in den Blick zu nehmen und mit einer Stimme, die eigentlich Überlegenheit demonstrieren soll, aber ziemlich zittrig rüberkommt, zu fragen:

„Wo kommst'n du her?"

„Ich von Ivory Coast. Elfenbeinküste, deutsch heißen."

„Dass du aus Afrika bist, ist ja nicht zu übersehen. Schwarz genug bist du ja."

Allmählich scheint das vermisste Gefühl der Überlegenheit beim Glatzkopf zurückzukehren, und mit fester Stimme setzt nach: „Warum bist'n du da nicht geblieben? In Deutschland ist kein Platz mehr, alles voll hier. Von euch kommen immer mehr, aus Afrika, aus Nahost. Alles Muslims. Aus dem Mittelalter scheinen die zu kommen, mit ihrem Koran und all dem Blödsinn. Du bist auch Muslim?"

„Katholik, ich Katholik", sagt der Banknachbar, pult im Halsausschnitt seines Pullovers und zeigt ihm ein goldenes Kreuz, das er ein einer dicken, goldenen Kette trägt.

„Gold? Du bist reich, oder?"

„Nein! Nix Geld, nix Essen, nix Familie, ganz allein. Ich komme Deutschland, ich immer Hunger. Kein Geld, nur Kette. Nix Kette für Essen, immer Kreuz behalten."

Der Glatzkopf sieht ihn prüfend an und sagt: „Da bei euch, in Westafrika, ist doch keine Wüste. Viele Bäume, Urwald, Savanne. Da müsst Ihr doch leben können. Und du kommst hierher, nimmst unser Essen, wohnst auf unsere Kosten, nimmt unsere Arbeit weg. Ich bin arbeitslos, weil du und deine Kumpels meine Arbeit für den halben Lohn machen. Oder für noch weniger."

„Zuhause immer Hunger. Land kaputt. Nur Plantagen, Monokultur, Pestizid. Kein Essen wachsen auf Land, nur Kakao, Kaffee, Bananen, alles Export. Kein Fisch mehr, Fisch in Deutschland. Deutsch Schiff fangen Fisch bei uns, Ozean leer."

„Dann müsst ihr euch dagegen wehren. Andere Regierung wählen, oder die Typen wegjagen, die so etwas mit euch machen."

„Wie? Mit Faust, mit Stein? Die schießen deutsche Waffen. Machen alles für Konzern, Nestlé und so."

Der Glatzkopf scheint mit seiner Weisheit am Ende zu sein. Sein Rückzugsgefecht besteht aus einer beschwichtigenden Geste, als er dem Schwarzen unbeholfen die Schulter hätschelt, begleitet von den Worten: „Das tut mir ja alles leid, aber wir hier können auch nichts dagegen tun. So ist das heute. Globalisierung, verstehste?

Und mit der allmählich wachsenden Erkenntnis der beiden ungleichen Männer, dass sie vielleicht doch irgendwie in einem Boot sitzen, dass sie einen gemeinsamen, unsichtbaren Gegner haben, wollen wir uns diskret entfernen.

Auf der Brücke

Der Mann hält sich am Geländer fest. Es scheint für ihn schwierig zu sein, das Gleichgewicht zu halten. Eine tief stehende Sonne strahlt in sein Gesicht, das von einer roten Knollennase dominiert wird. Er starrt auf die Eisfläche unter ihm, während er unentwegt versucht, die Balance zu halten. Seine linke Hand umklammert das Geländer, und die rechte hält eine grüne Rolle, aus der eine dünne Schnur ragt.

„Scheiße", murmelt er. „Scheißkälte, aber man muss ja mal raus." Dann wendet er den Kopf langsam nach rechts und nuschelt: „Komm, ab nach Hause. Das reicht nun. Wir kochen uns jetzt was Schönes."

Als die Antwort ausbleibt, setzt er einen herrischen Blick auf und wechselt in einen laut schnarrenden Befehlston: „Hasso, komm!"

„Wuff, wuff", lautet die anscheinend erwartete Antwort, unterstützt vom erregten Rotieren eines Stummelschwänzchens.

Dann entfernen sich die beiden gemächlich und lassen eine verwaiste Brücke zurück. Nur ein kleiner brauner Kringel zeugt noch davon, welch intime Familienszene sich hier soeben abgespielt hat.

Was wird aus der Morgenröte?

Fast unbemerkt ist die gewohnte Morgenröte einem sepiafarbenen Himmel gewichen. Wenn wir die Ursachen dafür weiterhin leugnen, werden wir uns irgendwann wieder im fäkalfarbenen Morgenlicht die Augen reiben und fluchen, nicht wach geworden zu sein. Die Stimmung kippt. Mainstreammedien betreiben mit Bildern und Spekulationen Gehirnwäsche. Manche mögen ja harmlos sein, aber „unsere" Frauen dürfen exotisch aussehende Männer nur bis auf eine Armlänge an sich heranlassen (ahnten wir nicht schon immer, wozu die fähig sind?), und da kann das Demonstrieren dieser Distanz schon mal zum Deutschen Gruß missraten. Adressat solcher Ratschläge ist eine Mehrheit, die meint, nicht mehr schweigen zu wollen, die sich selbst zu einem Heer nützlicher Idioten degradiert. Wer so etwas durchschaut und anprangert, ist dann unverbesserlich ignorant.

Plötzlich spürt der Exot, wie sie heimlich ihre Blicke auf ihn richten. Niemand sieht ihm mehr in die Augen. Schaut er Einheimische an, wenden sie sich ab – nicht demonstrativ, sondern so, als fühlten sie sich ertappt. Sie peilen ihn von der Seite an, aus den Augenwinkeln, prüfend, abschätzend, misstrauisch. Durch seine Brillengläser mögen glänzend dunkelbraune Augen strahlen, doch vergeblich versucht er damit, eine Reaktion auf sein irritiertes Blinzeln herauszufordern. Augenscheinlich wird sie ihm verweigert. Sie starren auf imaginäre Gegenstände oder Vorgänge, blinzeln, verengen die Pupillen und schielen in Ecken, in denen sich erkennbar nichts verbirgt. Einige proben bereits wieder den Herrenmenschenblick, der aber noch nicht ganz gelingen will – trotz einer „Deutschen Leitkultur", von der man ja wohl noch wird sprechen dürfen. Mit seinem fremdländischen Aussehen – olivbräunlicher Teint, schwarze Wuschelhaare – erblicken sie ihre Bestätigung, wenn auch ein aufrechter Gang und demonstrative Würde die Sicht auf den Untermenschen in ihm noch zu behindern scheint.

Weniger im Herrschaftsblick Geübte und jene, deren Habitus eher zu ihrem devoten Untertanenblick passt, verhalten sich ambivalent. Entweder stieren sie auf ihre ungeputzten Schuhe oder sie blicken verwirrt auf sein tadellos geputztes Schuhwerk. Einer sitzt schwankend da und glotzt wie vernebelt aus altersträben Augen. Ihm scheint die Szene zu gefallen, er fühlt sich leichter. Noch scheint er zu fürchten, es könne nur ein Versehen sein, dass diesmal nicht er, sondern dieser Fremde der Meute als Putzlappen dient. Doch zugleich scheint in ihm das winzige Licht der Zuversicht aufzuflackern, künftig jene herabsetzenden Blicke nicht mehr ertragen zu müssen. Sollen sie doch künftig solche Typen als Sündenbock nehmen, mag er wünschen. Mit ihrer zur Schau getragenen Würde werden die es in solchen Zeiten der Genesung von nationaler Blindheit ertragen müssen, innerhalb der Hierarchie ganz nach unten getreten und irgendwann entsorgt zu werden.

Roter Jochen

I.

So sieht man sich also wieder. Einen Marmorblock statt Granit, aber immerhin mit klaren Kanten, haben sie spendiert. Zumindest das passt zu dir. Deinen Spitznamen hat einst die Bildzeitung geprägt, in herabsetzender Absicht. Du hast das angenommen und es zu einem Ehrennamen werden lassen. Du und dein Name waren eins – ihr hattet Akzeptanz. Als sie dir die politischen Flügel gestutzt hatten, deine „Genossen", hast du das als unabänderlich hingenommen und dich darauf verlegt, den Menschen mit Satire die Augen zu öffnen. Dann schrieb die Bildzeitung, der Rote Jochen sei gestorben. Sie schrieben das ohne Häme, vielleicht schwang sogar etwas Wehmut mit. Das hat mich irritiert.

Wann du gestorben bist, ist mir nicht mehr in Erinnerung. Es mögen an die dreißig Jahre sein. Ich glaube, wenn du das denkwürdige Jahr 2003 erlebt hättest, wärst du aus diesem Neppladen SPD ausgetreten – mit lautstarker Entrüstung und dem ernsthaften Willen, woanders etwas Neues zu versuchen, so wie zahlreiche andere Genossen. Doch vielleicht hattest du ja die Möglichkeit, von da unten oder da oben – ich vermute deinen Aufenthaltsort eher oben – die schlimme Entwicklung zu verfolgen und zu bewerten.

Alles hat seine Zeit, und irgendwo taucht, oft unvermutet, eine neue Chance auf. Nach einer langen Phase fortschreitender, selbst verordneter Bleivergiftung bekommt deine Partei plötzlich und unerwartet denn Arsch wieder hoch – zunächst mal nur verbal. Damit daraus eine schwungvolle, nachhaltige Bewegung werden kann, bräuchte sie Typen wie dich.

Also, Roter Jochen, wenn du meinen Appell, in welcher Weise auch immer, wahrnehmen kannst, betreibe schnellstmöglich deine Wiedergeburt. Und bringe deine Genossen, mit denen du die da oben die Zeit mit Dauerskat vertreibst, auf die gleiche Spur. Denn all die angepassten Typen, die derzeit die Geschicke deiner Partei lenken, werden vermutlich dafür sorgen, dass nach einem beeindruckenden Strohfeuer nicht als leichte Flugasche bleibt.

Roter Jochen, du wirst wieder gebraucht.

II.

Zwei Szenen aus der SPD-Zentrale Berlin

Szene 1: Sitzung des Parteifinanzausschusses im November 1999, Ort: SPD-Zentrale Berlin

Vorsitzender: „Genossen, ich eröffne die heutige Sitzung. Vorweg will ich betonen, dass wir heute sämtliche verfügbaren Gelder irgendwelchen Ausgaben zuordnen müssen. Bei der derzeitigen positiven Entwicklung des Mitgliederstands liegt noch 'ne Menge Kohle auf den Konten, die bis zum Jahresende ausgegeben werden muss. So etwas nennt man ja in der Öffentlichen Verwaltung Dezemberfieber, und wir unterliegen einem vergleichbaren Zwang. Also los, Genossen, raus mit euren Ideen."

Schüchtern und zögerlich meldet sich ein junger Mann, der erst kurz dabei ist und dessen Name darum noch nicht allen geläufig ist: „Ich habe 'ne Idee, wie wir zwei Fliegen mit einer Klappe schlagen können. Wir fördern einen Künstler und geben gleichzeitig etwas für Repräsentationszwecke aus, wenn wir einen Gedenkstein aufstellen."

„Schön und gut", sagt der Vorsitzende, „aber ich kenne keinen, der posthum zu ehren wäre und es noch nicht ist. Hast du denn auch dazu 'ne Idee?"

„Jochen Steffen. Der liegt seit zwölf Jahren auf einem kleinen Friedhof in Schleswig-Holstein unter einer kleinen Steinplatte, und niemand weiß, wo das ist. Wir könnten doch einen Gedenkstein in einer unserer Bildungsstätten aufstellen, vielleicht sogar in Schleswig-Holstein. Das würde diesen verdienten Genossen wieder in Erinnerung bringen."

„Jochen Steffen? Der ist doch aus der Zeit gefallen, liegt voll neben dem Trend. Wer will sich schon an den erinnern? Genosse Gerhard Schröder würde sagen, das Ganze sei Gedöns. Nee, nee, lass mal." Abschließend fragt er, in die Runde blickend: „Gibt's noch bessere Vorschläge?"

Minutenlanges, peinliches Schweigen scheint die Anwesenden zu quälen. Sie blicken betreten in ihre Arbeitsvorlagen, schenken sich fahrig Getränke ein, scharren mit den Füßen.

„Na, wenn das der einzige Vorschlag bleibt, dann geht das wohl nicht anders, sagt der Vorsitzende, und Resignation schwingt in seiner Stimme mit. „Sechstausend Euro sollten aber ausreichen. Und auf keinen Fall machen wir eine große Welle davon. Ganz im Stillen muss das ablaufen, ohne dass wir die Presse darauf stoßen. Sonst schreibt morgen die Bildzeitung, wir hätten den Roten Jochen wieder ausgebuddelt und der triebe nun sein Unwesen als Zombie in Schleswig-Holstein. Einverstanden?"

Alle nicken eilfertig und erleichtert, und die Runde geht zum nächsten Tagesordnungspunkt über.

Szene 2: Sitzung des Parteifinanzausschusses im Februar 2019,
Ort: SPD-Zentrale Berlin

Vorsitzender: „Genossen, ich eröffne die heutige Sitzung. Vorweg will ich mitteilen, dass Genossin Andrea Nahles gebeten hat, die Endphase des Wahlkampfs durch geeignete, kurzfristige Maßnahmen zu unterstützen, auch wenn das finanzmäßig bis an die Schmerzgrenze gehen sollte. Die langjährig nicht zu stoppende Austrittswelle hat ein Riesenloch in unsere Kasse gerissen, das auch durch die jüngsten Neueintritte noch längst nicht gestopft werden konnte. Ich begrüße deshalb in der Runde eine Genossin aus dem Wahlkampfkomitee. Herzlich willkommen, Jasmin", sagt er und nickt der erwähnten Frau aufmunternd zu, um dann abschließend zu fragen: „Na gut, gibt es Ideen dazu?"

Es meldet sich ein Mann – Mitte vierzig – und teilt nach verlegenem Räuspern mit: „Vor bald zwanzig Jahren habe ich mal in dieser Runde den Vorschlag gemacht, für Jochen Steffen einen Gedenkstein aufzustellen. Der fristet seitdem in der Bildungsstätte in Malente ein kümmerliches Nischendasein. Kaum jemand bekommt den Stein zu Gesicht, kaum einer weiß noch, wer Jochen Steffen war. Wir könnten dafür sorgen, dass der Genosse Steffen mit seinen Grundüberzeugungen wieder ins Gespräch gebracht wird. Der Wind hat sich gedreht, er scheint wieder in die Zeit zu passen."

„Ich erinnere mich dunkel", sagt der Vorsitzende, „damals war ich auch schon Mitglied dieses Ausschusses." Nach einer kurzen Denkpause – von der man nicht wissen kann, ob er sie als Pause zum oder vom Denken genutzt hat – fährt er fort: „Tja, das passt tatsächlich in diese Zeit, das unterstützt unsere Kampagne. Genosse Schulz wird das mögen. Ich schlage deshalb vor, wir richten einen Shuttle-Service ein, jedenfalls bis zum Wahltag. Dann können alle von Kiel oder Hamburg oder Lübeck aus an diesen schönen See fahren – wie heißt der doch gleich – Bodensee? Nein, Kellersee! Die besuchen dann das Denkmal, informieren sich über das segensreiche Wirken des Genossen Steffen und können sogar noch ′ne Gratisbratwurst essen. Dafür müssen wir aber noch Werbung schalten, in allen wichtigen Zeitungen im Norden. Und vergesst mir die Bildzeitung nicht, die haben ihm seinen Ehrennamen erst verpasst. Da müssen wir jetzt klotzen, nicht kleckern. Ist irgendjemand gegen diesen Vorschlag?"

Nach dem bedrohlich-düsteren Blick, mit dem er die Runde bedenkt, hat niemand mehr einen Einwand. Irgendwie scheinen alle zufrieden zu sein – jetzt, wo sich der Wind tatsächlich gedreht hat. Man kommt zu nächsten Tagesordnungspunkt.

Gedenkstein für Jochen Steffen, Ehrenname: „Roter Jochen"

*1922 †1987

Ehemaliger Vorsitzender der SPD in Schleswig-Holstein, Kabarettist.

Standort:
Freigelände der Gustav-Heinemann-Stiftung, Malente (Schleswig-Holstein)

Fritjof und die Eingeborenen

Kurz nach der Gründung des Zweiten Deutschen Kaiserreichs wurde ein Völkerkundler auf Betreiben des Reichskanzlers Bismarck beauftragt, in Südwestafrika zu forschen. Der Auftrag war alles andere als uneigennützig, diente auch nicht den hehren Zielen der Wissenschaft. Es galt zu eruieren, wie die dort lebenden Einwohner mitsamt ihrem Land – ohne großes Aufsehen der Weltöffentlichkeit – kolonialisiert werden könnten.

Einer dieser missbrauchten Forscher war Fritjof, ein junger Mann aus dem Ostfriesischen, der gerade an der Humboldt-Universität seinen Magister erworben hatte. Als er in dem Lande jenseits des Äquators ankam, brauchte er nur wenig Zeit, sich zu akklimatisieren. Es gelang ihm, schnell das Vertrauen der Eingeborenen zu erlangen. Bald war er ständiger Gast in ihren Lehmhütten, und so konnte er wesentliche Erkenntnisse über das Zusammenleben der Menschen gewinnen. Regelmäßig schrieb er seine Berichte an sein Institut, welche umgehend an die Reichskanzlei zur Auswertung – unter Berücksichtigung nationaler Interessen – weitergeleitet wurden. Nach mehr als drei Jahren Spionagetätigkeit hatte er im Rahmen eines Gespräch mit einem Mann, der eine nicht ganz untergeordnete Stellung im Stamm hatte, eine letzte wichtige Frage: „Ich habe eine Menge über euer Zusammenleben gelernt, ich glaube, ich weiß schon ziemlich viel über euch. Nur eine Sache ist mir bis heute unklar. Wie setzt ihr eigentlich eure Könige ab, wenn ihr ihrer überdrüssig seid?"

Der Gefragte sah ihn zunächst irritiert an. Nach einer Weile huschte ein Ausdruck des Erkennens über sein Gesicht, und er antwortete: „Die würden wir nicht absetzen. Da gingen wir einfach nicht mehr hin."

Seit diesem Tag unterließ es Fritjof, weitere Berichte an sein Institut zu schicken. Nachdem er deshalb nach Berlin zurückbeordert worden war, nahmen ihn alle, die ihn vorher gekannt hatten, als völlig veränderten, verschlossenen Menschen wahr. Plötzlich interessierte er sich für ganz andere Dinge, als es vor seiner Reise nach Afrika der Fall gewesen war.

Gespräch im Lehrerzimmer

Kurz nach der Pausenklingel betritt Georg das Lehrerzimmer und steuert den großen Konferenztisch an, an dem nur ein einziger Kollege sitzt. Der blättert in der Tageszeitung und löffelt bedächtig einen Joghurt. Georg setzt sich ihm gegenüber dazu und packt ein belegtes Brötchen aus.

„Die spielen schon wieder verrückt", sagt der Kollege kopfschüttelnd. „In den Nachrichten gestern brachten sie auf allen Kanälen, in der neuen Pisa-Studie sei belegt, dass jeder sechste Schüler gemobbt werde. Und die Zeitungen sind heute auch voll davon. Das ist doch Bullshit! Die übertreiben mal wieder maßlos. An dieser Schule merke ich nichts davon."

„Du kannst auch nichts davon bemerken, wenn du immer wegsiehst", sagt Georg mit vollem Mund.

„Was soll das denn heißen, dass ich immer wegsehe?"

„Na, gestern zum Beispiel, als sich zwei auf dem Pausenhof geprügelt haben. Der Überlegene hat dem Schwächeren zum Abschluss gegen den Kopf getreten, als der schon aufgegeben hatte und heulend am Boden lag. Da standest du daneben, keine fünf Meter entfernt. Und du willst davon nichts mitbekommen haben? Ja, dann muss das wohl so gewesen sein. Schließlich hast du den wolkenverhangenen Himmel sehr interessiert beobachtet und dabei herzhaft in dein Brot gebissen. Wie hättest du da auch etwas mitbekommen können?"

Der Kollege schaut Georg mit offenem Mund sekundenlang an, bevor er zu einer Antwort fähig ist: „Da war gar nichts, und niemand hat mich um Hilfe gebeten. Und überhaupt gehen die heute doch so miteinander um, das ist doch normal."

„Normal soll das sein, normal? Wenn nach einer unter Kindern üblichen körperlichen Auseinandersetzung der Unterliegende drangsaliert und gequält wird? Das ist für dich normal?"

„Das machen doch alle. Und das war doch schon immer so. Ich kenne das nicht anders."

Georg befürchtet, dass ihm sein Brötchen wieder hochkommt, und er spürt, wie die aufsteigende Wut sein Gesicht rötet. Sein Ton wird schärfer: „Da wurde gestern auf dem Pausenhof fortgesetzt, was wahrscheinlich in der Klasse sein Vorspiel hatte. Da wurde gemobbt. Alle haben zugesehen, und keinen hat es interessiert. Ist es denn heute kein normaler Reflex mehr, Schwächere zu unterstützen?"

„Da muss sich doch nur etwas zurechtrütteln. Die Schüler schaffen sich ihre Rangordnung mit solchen Spielchen. Das Ringen um den höheren Platz in der Hierarchie ist doch ganz natürlich."

„Du hältst es für natürlich, anderen mit dem Schuh ins Gesicht zu treten? Der beschuhte Fuß gilt im Strafrecht als Waffe. Schaust du auch weg, wenn demnächst jemand ein Messer in der Hand hat?"

„Ich finde deine Polemik zum Kotzen". Offenbar kann der Kollege keine andere Verteidigung vorbringen.

Georg setzt nach: „Du bist ja nicht der einzige Lehrer hier, der solche merkwürdigen sozialdarwinistischen Sichtweisen vertritt. Ihr seid die Mehrheit. Ihr schaut zu, wie sich ein verrohtes Pack auf Kosten anderer an die Spitze prügelt. Habt Ihr selbst Schiss, zu deren Opfern zu gehören? Oder warum schlagt euch auf die Seite derer, die sich durch asoziales Verhalten hervortun? Und was hat das eigentlich mit Pädagogik zu tun?"

Sein Kollege kann sich zu keiner weiteren Erwiderung durchringen und schweigt mit offenem Mund.

Georg setzt nach: „Wenn Mitschüler das decken, liegt ihr Motiv klar auf der Hand. Bevor jemand selbst zum Opfer wird, schlägt er sich lieber auf die Gewinnerseite und bellt mit der Meute – er mobbt selber. Angst ist der Antrieb. Wie kann sich eigentlich jemand Pädagoge nennen, der selbst von dieser Angst getrieben wird? Wie will der eigentlich Menschen ins Leben führen?"

Georgs Kollege atmet schwer, mit erhöhter Frequenz. Das Zittern seiner Hände kann er nicht kontrollieren, obwohl er sie auf den Tisch abgelegt hat. Schweiß auf der Tischplatte und auf der Stirn des Kollegen wird für Georg zum Zeichen dafür, wie sehr er den wunden Punkt berührt hat. Erbarmungslos setzt er zum Gnadenstoß an: „Wie ist das mit dir? Hast du etwa ebenfalls Angst? Duldest du diese bösen Spiele in deiner Klasse nur, um von diesen Typen selbst verschont zu werden? Diese kleinen Asozialen haben es tatsächlich geschafft, dich zuzureiten!"

Als der Kollege weiterhin schweigt, stellt Georg mit Blick auf die Uhr fest, dass er zurück in die Klasse muss. Er steht auf und geht festen Schrittes zur Tür. Unterwegs dreht er sich halb um und wirft dem Kollegen über die Schulter ein paar Abschiedsworte zu: „Deine Pause ist ebenfalls zu Ende. Also geh in deine Klasse und lass dich satteln. Die Monster, die du selbst schaffen hast, warten schon auf dich."

Vor der Tür des Klassenzimmers hält Georg für einen kurzen Moment inne. Tief durchatmend bereitet er sich auf die kommenden neunzig Minuten vor, in denen ihm die Maske des furchtlosen, souveränen Lehrers auf keinen Fall verrutschen darf; denn es sind schon kleinste Schwächen, die diese Kinder im Klassenzimmer erbarmungslos für sich nutzen. Er denkt noch: Fünfundzwanzig Jahre bis zur regulären Pensionierung, aber vielleicht kann man sich ja mit einer Burnout-Diagnose über die letzten Jahre retten.

Dann stößt er mit entschlossenem Blick die Tür zum Klassenzimmer auf.

Der meistgesprochene Satz im deutschsprachigen Fernsehen

In den meisten Serien wird es in fünfundvierzig Minuten abgehandelt – brutto, ohne Abzug der Werbepausen. Hollywood-Spielfilme ziehen alles etwas in die Länge, aber Werbepausen und Product-Placement trösten uns darüber hinweg. Als Einstieg wird entweder die Schandtat vorgeführt oder wir schauen auf einen abgesperrten Tatort, an dem Spezialisten in aller Seelenruhe ihrer Tätigkeit nachgehen. Ein Mensch im weißen Kittel sagt dann, während er seinen Koffer schließt und einen nachdenklich vor ihm Stehenden desinteressiert und zugleich angewidert anschaut: „Der Eintritt des Todes liegt acht bis zwölf Stunden zurück. Genaueres kann ich natürlich erst nach der Obduktion sagen."

Dies ist – abgesehen von der Angabe der seit dem Todeszeitpunkt vergangenen Stundenzahl, die durchaus variieren kann – wohl der meistgesprochene Satz im deutschsprachigen Fernsehen. Ist er gefallen, machen sich die mitwirkenden Kriminalbeamten, jeder mit mindestens einer besonderen Marotte als persönlichem Alleinstellungsmerkmal ausgestattet und ständig Kaffee saufend, endlich an die Arbeit. Wen sie im weiteren Verlauf der Geschichte fragen oder verhören und worauf sie zwischenzeitlich stoßen, ist im Nachhinein meist ohne Bedeutung. Der Mörder wird sowieso immer erst in den letzten Minuten und meist durch Zufall überführt. Sie haben ihn vorher im Verhörzimmer durch die Mangel gedreht, und er gesteht in der Regel in der einundvierzigsten Sendeminute, nachdem sie ihm seine Schuld nachweisen konnten. Dann wirkt der Überführte zwar immer etwas zerknirscht, aber eigentlich auch erleichtert, nachdem unvermittelt aus ihm heraussprudeln durfte, was genau ablief und welche Motive ihn bewogen, so und nicht anders zu handeln. Es ist, als hätten sie ihm vor seiner

Beichte ein Kotzmittel verabreicht. Nach zwei Minuten Geständnisorgie unter verständnisvollem Nicken der verhörenden Kriminalbeamten bleibt dann noch genau eine Minute Zeit, um zu zeigen, wie sich die Polizisten angesichts ihrer persönlicher Leistungen und Marotten noch einmal kollegial gegenseitig auf die Schippe nehmen. Dann darf die Welt wieder heil sein.

So oder so ähnlich geschieht es auf den deutschsprachigen Kanälen gefühlte zweihundert Mal am Tag, was übers Jahr gesehen 73.000 Leichen ausmacht – nicht gezählt die Massenmorde, für die spezielle Blockbuster zuständig sind und die noch einmal gefühlt die gleiche Anzahl Leichen liefern. Zusammengerechnet dürften es also an die 150.000 Leichen sein, die uns jährlich aus den TV-Kisten entgegenflimmern. Und da sind die Wiederholungen noch gar nicht mitgerechnet. In zehn Jahren wären das eineinhalb Millionen Mordopfer oder – ins Bild gesetzt – drei Großstädte von der Größe Hannovers, die innerhalb einer Dekade vollständig entvölkert wären, entsprächen all diese Mordtaten der Realität. Was sind dagegen schon dreieinhalbtausend Tote, die jährlich durch den Straßenverkehr zu beklagen sind?

Aber wo wir schon dabei sind: Nicht nur Film und Fernsehen klotzen bei dem Thema. Ungezählte Romane, Kurzgeschichten und „Abgeschlossene Krimis" in der Regenbogenpresse, meist mit der heißen Nadel genäht und hektisch auf den Markt geworfen, kommen noch dazu. All das wird von uns aber nicht nur konsumiert und wieder vergessen. Nein, den angekündigten Folgegeschichten fiebern wir millionenfach entgegen. Wir können gar nicht genug davon bekommen. All die fiktiven Schandtaten mitzuerleben und am Ende sagen zu können: „Nein, was gibt es doch für schlechte Menschen", das scheint uns wirklich zufrieden

77

zu machen. Dass beim Fortsetzen dieser kurzatmigen Leichen-überproduktion– zumindest rechnerisch gesehen – die Deutschen in absehbarer Zeit ausgestorben sein müssten, handelte es sich um reale Fälle, interessiert uns dabei nicht. Wir wollen uns amüsieren, etwas spannend finden. Wir begeben uns somit in die Rolle des Voyeurs und weiden uns an dem Leid anderer, um schließlich scheinheilig sagen zu können: „Da hat Gott sei Dank wieder das Recht gesiegt."

Ein kurzer Einschub: Analogien ließen sich mit wenig An-strengung auch bei anderen Genres finden, zum Beispiel den Liebesgeschichten. Neben dem Töten von Menschen ist auch das menschliche Balzverhalten einschließlich seiner Präliminarien – also das In-die-Welt-Setzen anstelle des Aus-der-Welt-Schaffens von Menschen eine unerschöpfliche Quelle für Massenberieselung. Aber lassen wir das. Das kann besser an anderer Stelle beleuchtet werden. Dennoch haben beide Genres eine gemeinsame Klammer. Sie sind beide bestens geeignet, von den wirklich wichtigen und realen Problemen dieser Gesellschaft abzulenken. Wir fokussieren unseren Blick auf Kriminalstorys oder mühselige Liebes-geschichten, und schon wird unser Blick für alles andere unscharf.

Die Ungeheuerlichkeiten dieser Gesellschaft geraten durch solche Mechanismen leicht aus dem Blick und werden für uns auf ein erträgliches Maß reduziert; jedenfalls auf ein so weit erträgliches, dass wir nicht auf rebellische Gedanken kommen. Es hat die gleiche Funktion wie „Brot und Spiele" im alten Rom. Unsere niederen Instinkte werden angesprochen und wir werden vom realen Machtmissbrauch der Mächtigen abgelenkt. Wenn wir uns an so etwas ergötzen, werden wir ungefährlich für ein System, das unsere genuinen Interessen missachtet.

Stellen wir uns vor, man würde uns im gleichen Ausmaß wie bei den Mordfällen ganz andere Themen vorsetzen: z. B. Geschichten über Steuerhinterziehung, Korruption und Wirtschaftskriminalität. Dann würden wir mit der Nase auf die tatsächlich stinkenden Verhältnisse gestoßen und könnten irgendwann unsere Unzufriedenheit entdecken. Doch dies kann ja verhindert werden, indem man das durchaus ernst zu nehmende und tatsächlich existierende Problem der Tötungsdelikte so sehr und so lange aufbläht, bis wir es als Realität wahrnehmen.

Nicht nur, dass wir durch übermäßigen Konsum solcher Zerstreuungsangebote Gefahr laufen, allmählich den Kompass für die Realität zu verlieren. Nein, diese ständige Berieselung ist mehr. Sie ist eine Gehirnwäsche, die jenen Restwiderstand, den wir uns noch erhalten konnten, erbarmungslos zerbröselt. Wenn wir irgendwann nur noch in der Lage sein werden, gaffend auf dem Bildschirm oder in den Schmöker zu gucken, ist dies eigentlich die ersehnte Rückkehr ins Paradies.

Dann ist alles wieder gut!

Anrüchig

Ein Gauland-Schiss kommt ganz gewiss
Und wenn es auch im Reichtag ist
Welche tausend Jahr` der meint?
Die aus dem Dritten Reich, wie´s scheint

Wenn sich einer so nach Scheiße sehnt
Sich stinkend aus dem Fenster lehnt
Dann ist das schaurig anzuschau´n
Denn der ganze Kerl ist braun!

Bremsspuren

Es geht mal wieder ein Gespenst um in Europa - und ganz besonders in Deutschland. Es trägt total verdreckte Unterwäsche mit hässlichen Bremsspuren. Diese unappetitlichen, überriechenden braunen Streifen werden geflissentlich übersehen. Das Problem wird tabuisiert.

Eigentlich dürfte es nämlich nicht sein, dass es siebzig Jahre nach dem von außen erzwungenen Ablegen vollgeschissener Unterhosen schon wieder dazu kommt, dass ein ganzes Volk dabei zusieht, wenn auch teilweise verschämt oder grollend, wie ein besorgniserregend wachsender Anteil von Zeitgenossen mit Bremsspuren in der Unterhose herumläuft. Die öffentliche Hygiene wird also arg vernachlässigt. Anstatt Druck zu erzeugen, sich der Schmutzwäsche zu entledigen und sich nach einem wohltuenden Bad neue zu gönnen, druckst man herum und leistet sich eine solche gesellschaftliche Sauerei.

Aber das hat ja auch Tradition. Gleich nach 1945 hat man in den Jahren des Wiederaufbaus zugelassen, dass sich die braun gesprenkelten Entmachteten ohne Neuanfang durchmogeln konnten, um sich schon nach kurzer Zeit und ohne Schamfrist wieder dicke zu tun. Breitbeinig haben sie sich hingesetzt und mit verräterischen Gerüchen aus ihrem hinteren Intimbereich kundgetan, wie sehr sie sich immer noch auf der richtigen Seite wähnen. Ein Treppenwitz: Jene, für die Ordnung und Sauberkeit stets ganz oben auf ihrer Liste von Sekundärtugenden standen, hatten niemals ein Problem damit, anderen die Luft zu verpesten.

Zugegeben, viele hatten sich recht gut getarnt, und nur deshalb wurden sie nicht als Gefahr für die öffentliche Hygiene wahrgenommen. Aber das hat sich nun geändert. Zu Tausenden treffen sie sich an öffentlichen Plätzen, grölen braune Parolen und wünschen Andersdenkende an den Galgen. Sie haben die Stirn, Parteien zu gründen und sich am „gesunden Volksempfinden" früherer Tage zu orientieren. Ihr „Das wird man ja wohl noch sagen dürfen" zeugt von ihrer Erwartung, wir hätten es hinzunehmen, wenn sie ihre braunen Haufen in Gestalt übler Parolen auf den Versammlungsplätzen hinterlassen und sie in die Kameras und Mikrofone sensationsgeiler Sender bölken. Ist es da nicht gut, dass sich das Geruchsfernsehen immer noch nicht durchgesetzt hat? Oder könnten sie sonst noch mehr Idioten einfangen?

Vielleicht sollte man sich an den Bundesligafans orientieren und in Anlehnung eines bayernfeindlichen Gruppengesangs im Chor singen: „Zieht den Nazis die Unterhosen aus, Unterhosen aus, Unterhosen aus. Zieht den ...". Oder besser doch nicht, weil das nach hinten losgehen könnte? Denn schließlich nehmen wir ein Phänomen wahr – die wachsende Tendenz, sich stets auf die jeweilige Gewinnerseite zu schlagen, bloß weil das Verlieren unerträglich erscheint. Was stören da schon ein paar Bremsspuren?

Undercut

Ich verrate hier wohl nichts Neues, wenn ich sage, dass Moden kommen und gehen und uns immer wieder überraschen. In einem unberechenbaren Zyklus wiederholt sich so manches, was frühere Zeitgenossen für sich als überholt abhakten und die Modebranche später als angebliche Neuheit auf den Markt wirft. Nicht selten war man froh, eine als überholt geltende quälende Mode endlich wieder los zu sein. Zu steife und zu enge Kragen, zu spitze und zu hohe Schuhe, zu kurze Röcke oder eine zu pingelige Intimfrisur. Sie alle kennen das ja.

Inzwischen mussten wir uns auf eine Modemasche einstellen, die zuletzt Ende der Neunzehnhundertfünfziger Jahre genutzt wurde – zumindest bei einer kleinen, speziellen Zielgruppe. Jene Pflegekräfte, die in Nervenheilanstalten – so hieß das damals wirklich – arbeiteten, bereiteten die ihnen anvertrauten männlichen Insassen in besonderer Weise auf Ausgänge nach draußen vor: Sie verpassten diesen Männern einen Haarschnitt, der da draußen völlig neben der Mode war. Mit klobigen Schermaschinen schafften sie es, deren Haupthaar bis eine volle Handbreit über die Ohren abzurasieren. Wenn die dann da draußen so herumliefen, stießen sich die Leute gegenseitig feixend in die Rippen und sagten: „Die aus der Klappsmühle haben Ausgang."

Die gute Nachricht: Diese Mode ist wieder da, und jetzt heißt sie *Undercut*. Wenn all den modebewussten Männern, die sich heutzutage von übergeschnappten Friseuren einen solchen Haarschnitt aufschwatzen und verpassen lassen, dieser historische Hintergrund bewusst wäre, würden sie möglicherweise einen schamroten Kopf bekommen, davon Abstand nehmen und sich etwas unauffälliger die Haare richten lassen – auch Trendsetter wie Fußball- oder Filmstars.

Ach, bevor ich es vergesse: Es gibt noch einen weiteren Zeitraum, in dem solche Haarschnitte modern waren. Das war die Nazizeit, und alle guten deutschen Männer und Pimpfe liefen damit herum. Militärisch kurz, praktisch auch für den Nahkampf, passend für den arischen Heldenschädel. Sehen Sie, und dieses Faktum weckt meinen Argwohn. Ich fürchte, es ist einfach so, dass sich in der aktuellen Haarmode ein Wandel in der Gesinnung widerspiegelt. Alle Zeichen der Zeit deuten inzwischen auf einen sich allmählich vollziehenden Rechtsruck in der Gesellschaft. Und da ist es dann nur konsequent, sich dem mit einem entsprechenden äußeren Erscheinungsbild anzupassen. Doch das nützt ja nur etwas, wenn auch die andere Hälfte der Bevölkerung darin einbezogen wird.

Also: Sie, als deutsche und deutsch fühlende Frau, sind aufgefordert, Ihr Erscheinungsbild zu überprüfen und ggf. Korrekturen vorzunehmen. Blondiertes Haupthaar und lange, geflochtene Zöpfe wären doch da ein guter Anfang. Finden Sie nicht?

Ein nicht geschriebener Brief an den Generalbundesanwalt

Andrea Vogel
Goethestraße 10A
10549 Berlin   , den 31.12.2019

An die
Generalbundesanwaltschaft
Karlsruhe

Strafantrag

Sehr geehrte Damen und Herren,

hiermit zeige ich Alexander Gauland, MdB, Fraktionsvorsitzender der Partei AfD, wegen des Straftatbestands der Volksverhetzung (§130 StGB) an. Darüber hinaus stelle ich Strafantrag wegen der Straftatbestände der üblen Nachrede, der Verleumdung und der falschen Verdächtigung.

Zum Sachverhalt:

In einer Rede, die in Ausschnitten auch in Sendungen mehrerer deutscher Fernsehsender verbreitet wurde, äußerte sich der AfD-Politiker Gauland wie folgt: „Hitler und die Nazis sind nur ein Vogelschiss in über tausend Jahren deutscher erfolgreicher Geschichte" (Zitat).

Begründung:

Diese Aussage diffamiert die gesamte Vogelwelt sowie Menschen, die einen solchen Familiennamen tragen. Außerdem verharmlost sie in unverantwortlicher Weise sämtliche Gräueltaten, die in der Zeit der Nazidiktatur im Namen des Deutschen Volkes begangen wurden. Dies ermuntert und legitimiert die Adressaten der AfD-Politik, den Abbau demokratischer Verhältnisse in Deutschland voranzutreiben.

Durch die zitierte Aussage fühle ich mich persönlich diffamiert und in meiner Integrität beschädigt. Allein die Beschmutzung des weit verbreiteten, guten deutschen Familiennamens Vogel, den auch ich trage, beschwert mich. Vorsorglich erkläre ich hiermit, zu keiner Zeit die Öffentlichkeit mit meinen Exkrementen belastet zu haben – sie wurden stets sachgerecht entsorgt. Ich verwahre mich also dagegen, dass auch meine Hinterlassenschaften für einen solch ungeheuerlichen Vergleich herangezogen werden.

Darüber hinaus ist festzustellen, dass sämtliche in Deutschland lebenden Vögel – einschließlich der Zugvögel, die immer noch alljährlich unkontrolliert unsere Grenzen passieren – nicht in der Lage wären, in ihrem ganzen Leben soviel Scheiße zu produzieren, wie an einem einzigen Tag während der Naziherrschaft angefallen ist. Ansonsten: Wenn Herr Gauland es sich zur Gewohnheit werden ließ, öffentlich über Scheiße zu reden, mag das an seiner braunen Gesinnung liegen. Ich will davon verschont werden. Im Übrigen: Es wird – auch von Ihnen – schon viel zu lange weg-geschaut.

Aus den genannten Gründen fordere ich Sie auf, diesen braunen Zeitgenossen mit den Mitteln des Rechtsstaates in seine Schranken zu weisen.

Mit freundlichen Grüßen

Andrea Vogel

Das Neueste von der Computermesse

Es wurde aber auch Zeit. Viel zu lange war die kommerzielle Nutzung dieses menschlichen Grundbedürfnisses unentdeckt geblieben – jedenfalls für die Marktführer aus der Computerbranche. Aber so läuft es oft, wenn für eine neue Idee zunächst keine Marktchancen gesehen werden. Erst wenn irgendein bisher unbekanntes Unternehmen damit zum Trendsetter wird und das Produkt alle haben wollen, wird die Branche hellhörig. Nun folgt die Phase, in der es dann alle haben müssen, die nicht von gestern sein wollen. Ein Leben ohne diesen Gegenstand ist für sie künftig nicht mehr vorstellbar, schon weil man ja sonst mitleidig angesehen wird. Und ganz vorne weg laufen jene Zeitgenossen, die ihr Geld eigentlich für Wichtigeres ausgeben müssten.

Der vernetzte Toilettensitz war so ein Produkt, das zunächst ziemlich unbeachtet blieb. Auf den Computermessen hatte seine Herstellerfirma einen mickrigen Stand mit zwanzig Quadratmetern Fläche. Alle Chefeinkäufer, Bosse und Nerds liefen daran vorbei, ohne auch nur einen Blick darauf zu verschwenden.

Eines Tages aber fand sich über eine TV-Sendung, die uns allen solche Produkte nahebringen soll, ein Investor, der eine durchschlagende Marketingstrategie mit einem zweistelligen Millionenbetrag finanzierte. Innerhalb einer Woche kannten fast alle Zuschauer einschlägiger Werbesendungen, die von den üblichen Fernsehserien und Staffeln umrahmt wurden, das Produkt. Es war auf allen Bildschirmen, allen Displays und bald in aller Munde – oder passender ausgedrückt: unter jedem Hintern. Der attraktive Vorteil, den dieser vernetzte Toilettensitz bot, lag darin, dass die mit ihr ermittelten Daten ohne Zeitverlust ein Gesamtbild über die körperliche Verfassung des jeweiligen Nutzers ergab. Darüber waren alle begeistert. Dass diese Daten sämtlich an einen Server geleitet wurden, der in den USA stand, und dass so selbstverständlich auch die einschlägigen Geheimdienste die vollständigen Datensätze in Echtzeit serviert bekam, war für die Nutzer kein Problem mehr. Sie hatten sich längst durch viele andere Geräte daran gewöhnt. Es tat ja nicht weh, und das Hauptargument an nölende Skeptiker lautete in etwa: „Ja, das ist schon komisch, dass die meine Daten klauen. Aber die wissen doch eh schon alles, und ich habe nichts zu verbergen. Und diese Klobrille ist ein *Musthave*.“

Dank des ausgelösten Verkaufsbooms konnte nun bald ein rasant wachsender Teil der Bevölkerung morgens fröhlich durch die Brille kacken und dabei *real time* mit einer speziellen App *online* seine aktuelle Datenlage abfragen. Von der Körpertemperatur über die Menge der Schweißabsonderung beim Pressen, angegeben in Millilitern und mit einer Genauigkeit von 99,3%, über die Tonfolge der Begleitgeräusche bis hin zur Geruchsanalyse – mit exakter Angabe der einzelnen olfaktorischen Komponenten einschließlich der Bewertung von Signalen über mögliche Gesundheitsgefährdungen – wurde alles erfasst und überschaubar in Diagrammen dargestellt. Die Nutzer fühlten sich in der Zukunft angekommen.

Wegen der kolossalen Umsätze wurden die Produkte allmählich billiger, auch weil über Lizenzvergaben inzwischen vornehmlich in Südostasien produziert wurde. Und eines Tages brachte *ALDI* endlich den Volks-E-Sitz heraus, wie *BILD* jubelnd auf der ersten Seite verkündete. Viele Firmen profitierten in dieser Phase noch von dem Trend, der dann aber bald seinen Zenit überschritten hatte. Unternehmerische Fähigkeit, sich den Anforderungen des Marktes zu stellen, hatte Milliarden in die Kassen gespült.

Nur die erste Adresse unter den Hardware-Giganten ging bis dahin leer aus. Dort schienen sie den Boom einfach verschlafen zu haben. Oder war es doch die übliche Firmenpolitik, die Konkurrenten sich erst austoben zu lassen und dann den Markt von hinten aufzurollen? Wie auch immer. Nach mehr als einem Jahr fieberhaften Tüftelns in den geheimen Labors war endlich auch *APPLE* in der Lage, ein solches Produkt auf den Markt zu bringen – allerdings mit den firmentypischen Besonderheiten und dem üblichen pompösen Werbefeldzug. In einer weltweit übertragenen Präsentation stellte der oberste Boss den *APPLE*-Fans das *I-SHIT* vor.

Am ersten öffentlichen Verkaufstag, drei Tage vor Weihnachten, gab es dann die üblichen Schlangen vor den *APPLE*-Stores. Man kam schon am Vorabend und übernachtete an diesem feuchtkalten Novembertag im Freien. Ein Weitsichtiger brachte noch einen alten *Porta-Potti* mit, mit dem er dann in der Nacht bei den Wartenden ein gutes Zusatzgeschäft machte.

Es war ein erhebender Moment, als der erste Käufer – ein strohblonder, pickeliger Jüngling – den Laden verließ. Mit leuchtenden Augen, vor Freude zitternd, schwenkte er einen weißen Karton mit dem angebissenen Apfel darauf triumphierend über seinem Kopf. Dann teilte er dem Rest der Welt sein noch nicht ganz begriffenes Glück mit. Die Erleichterung, wirklich der Erste gewesen zu sein, und der Gedanke an die künftig per App nutzbaren Daten brachen sich in einem Schrei der Erlösung bahn: „Ich habe ihn!"

Selbstbetrug

Wer in den Spiegel schaut, nur um eines dieser teuren Produkte der Kosmetikindustrie zu nutzen, und dabei nie auf die Idee kommt, sich zu fragen, wer ihn da eigentlich anschaut, geht den leichten Weg. Den üblichen Weg. Jenen Weg, für den man ihn dressiert hat.

Bloß nicht hinterfragen, weshalb man sich täglich rasieren soll und mit dem Auto staugeplagt in die Firma fahren muss, nur um sich dort von seinem Vorgesetzten drangsalieren zu lassen. Es aushalten zu müssen, ohne dem ungehemmt in sein teuer gestyltes Gesicht schreien zu dürfen, was man tatsächlich von ihnen hält. Sollte man diese Grenze überschreiten und sich so etwas trauen, könnte man sicher sein, sich künftig nur noch Rasierwasser von Aldi leisten zu können. Weil man dann nämlich arbeitslos wäre, und weil sich dieser Vorgesetzte mit seinem geistigen Mundgeruch kalt lächelnd gerächt hätte, indem er in einem letzten Akt der Fürsorge ein Zeugnis geschrieben hätte, dass nicht einmal für die McDonald's Filiale in irgendeinem abgelegenen Einkaufszentrum akzeptabel wäre. Weil dann die Kinder ihre dringend benötigten neuen Markenklamotten entweder klauen oder anderen Kindern vom Leibe reißen müssten, um die ihnen von den Eltern andressierte Geltungssucht auch nur ansatzweise befriedigen zu können. Weil es den Leuten im Nachbarhaus nicht dauerhaft verborgen bleiben könnte, dass der nächste Urlaub im eigenen Garten verbracht werden muss anstatt wie bisher auf der gecharterten Segeljacht, die für zwei Wochen sonst immer ein komplettes Monatsgehalt verschlang, aber immerhin für jene Fotos sorgte, mit denen man bis zum nächsten Urlaub angeben konnte. Ja, und der übliche mit den Nachbarn gehaltene Smalltalk über den Zaun entfiele ebenfalls, weil es die wohl zu viel Überwindung kostete, sich mit solchen Losern abzugeben.

Also lieber nicht fragen, wer einem beim Rasieren da eigentlich aus dem Spiegel entgegenlakait. Man verdrängt, um seelischen Schmerz zu vermeiden – nur manchmal meldet sich das geschundene Unterbewusstsein, wenn es von jähen Erkenntnisblitzen über die eigene Lage gequält wird. Aber dann kann man immer noch mit der Stirn gegen den Spiegel schlagen, um sich abzureagieren. Das Herausziehen weniger Glassplitter aus blutigen Augenbrauen tut längst nicht so weh wie das ehrliche Eingeständnis, ein Scheißleben zu führen. Dann doch lieber das kleinere Übel: Selbstbetrug!

Selbstüberwindung lohnt sich

Wer kennt das nicht? Da läuft einem ein Zeitgenosse über den Weg – nein, besser: Er kommt einem quer, aber man kann ihn nicht einfach übersehen, obwohl man das gern möchte. Vom ersten Augenblick scheint klar zu sein, dass nicht nur die Chemie nicht stimmt. Nichts passt einem an so einem Menschen. Man mag ihn nicht riechen, man mag ihm nicht in sein unsympathisches Gesicht sehen, seine ganze Erscheinung ist offenbar daneben. Und auch wenn man sich selbst als weltoffenen Menschen einordnet, der anderen in allen denkbaren Situationen stets unvoreingenommen entgegen tritt, kann einem so etwas schon mal passieren. Wir alle sind eben Menschen – mit menschlichen Fehlern.

Mir passierte so etwas mit Mike. Der war bei einer Masse von geschätzten einhundertvierzig Kilogramm knapp zwei Meter groß. Sein unrasiertes Gesicht wurde von einem großen Mund beherrscht, der beim Sprechen eine lückenhafte Reihe nikotingefärbter offenbarte. Er stank nach altem Bier und jenen Zigaretten, die er ständig zwischen den kurzen Rauchpausen drehte. Das einzig Ordentliche an ihm war seine Stoppelfrisur, aber nur, weil sie leichter zu pflegen war. Seine Sandalen ließen den Blick auf dicke Hornhaut und lange, gebogene Zehennägel frei. Das einzig Irritierende an dieser Erscheinung war sein Blick, der irgendwie nicht zu dieser Person zu gehören schien. Aus wachen, offenen Augen sah er mich unerschrocken an. Jene dezente Unterwürfigkeit, die ich im Blick der anderen bemerkte, die wesentlich gepflegter als er auftraten, fehlte bei ihm völlig. Wir begegneten uns auf Augenhöhe, trotz eines Höhenunterschieds von ca. fünfzehn Zentimetern.

Die nächsten Tage ging ich ihm aus dem Weg, hielt mich an die anderen, die erkennbar um meine Gunst rangen. Ich war ihnen als Chef vor die Nase gesetzt worden, sollte diesen heruntergekommenen Laden auf Vordermann bringen, wie man so sagt. Sie alle hatten irgendwelche Ratschläge für mich – bis auf Mike. Der schwieg und machte sich rar. Das Tagesgeschäft lief an, erste Probleme wurden erkennbar, und bei den Versuchen sie zu lösen, musste ich bald feststellen, dass auf all diese vermeintlich netten Typen kaum Verlass war. Sie boten eine weit verbreitete Mischung – die gesamte Palette vom gebremsten Genie bis zum genialen Bremser. Dementsprechend liefen die Dinge aus dem Ruder. Wenn man einen solchen Betrieb wieder nach vorn bringen will, schafft man das nicht allein, sondern am ist auf andere angewiesen. Und wenn die nicht mitziehen, muss am sich irgendwann seine Ohnmacht eingestehen. Ich war kurz davor, dies zu tun.

Dann, nach mehreren Krisen und schrecklichen Wochen, lief mir Mike über den Weg. Er hatte die scheinbar zwangsläufige Entwicklung einfach abgewartet. Seine wachen Augen blickten mich vielsagend an, und ich überwand mich. Ich griff nach dem Rettungsring und bat ihn um Hilfe, eigentlich mit wenig Hoffnung, dass ausgerechnet er mich vorm Ersaufen retten könnte. Er ging darauf ein, war bereit, sein profundes Wissen über Strukturen und menschliche Eigenheiten vor Ort mit mir zu teilen. Seine Hilfe bestand aus Hinweisen und aus kräftigem Zupacken. Nach einem Monat musste ich mir eingestehen, dass er zu meinem unverzichtbaren Vertrauten geworden war. In dem gleichen Maße, mit dem wir uns allmählich näher kamen, wuchs Mikes Distanz zu all den anderen, die zwar alles besser wussten, aber nichts davon umzusetzen bereit gewesen waren. Diesen Preis hatte er zu zahlen. Seine äußere Erscheinung hatte längst aufgehört, mich zu stören, auch wenn die anderen es häufig zum Anlass nahmen, über einen mutigen Mann zu lästern. Demjenigen, der bereit gewesen war, sich zwischen die Stühle zu setzen. Die Lage normalisierte sich, Erfolg stellte sich ein.

Auch nachdem ich Jahre später eine andere Aufgabe übernommen hatte, hielten Mike und ich Kontakt. Anfängliche Abneigung, gespeist aus äußerlichen Eindrücken, war allmählich einem Vertrauensverhältnis gewichen und schließlich zu einer echten Freundschaft geworden, die bis zu seinem viel zu frühen Tod andauerte.

Auch weiterhin fällt es mir schwer, mich in solchen Situationen selbst zu überwinden. Es gehört stets ein gehöriger Druck von außen dazu – so wie in dieser Geschichte. Immerhin habe ich daraus etwas über selbst mich gelernt: Ich habe begriffen, dass ich in der Lage bin, mich in schwierigen Situationen selbst zu überwinden – und dass es sich lohnt, dies zu tun.

Wolfenbüttels wundersame Wandlung

Es ist eine wunderbare Wandlung, und nur wenige hätten sie sich zuvor vorstellen können. Diese kleine Stadt mit verschachtelten Gassen, pittoresken Türmchen, jahrhundertelang über die Zeit geretteten Fachwerkhäusern und sich breitmachenden Bankhäusern aus protzigem Gelbsandstein, hat sich über Nacht seltsam verändert. Jene unzähligen roten Fahnen, bei denen die Regeln des Goldenen Schnitts konsequent missachtet worden waren und auf denen weiße Kreise mit diagonal aufgenähten schwarzen Hakenkreuzen prangten, sind allesamt verschwunden. Stattdessen hängen aus vielen offenen Fenstern – es ist Ende April und die Wohnungen müssen gottlob nicht mehr beheizt werden – weißes Bettzeug, teils an Besenstielen befestigt, teils direkt über die Brüstungen gehängt. Noch weht vereinzelter Geschützdonner aus Richtung der Hermann-Göring-Werke herüber, um dann bald ganz auszubleiben.

Irritiert blickende Bewohner, nicht wenige mit angstvoll geweiteten Augen, schleichen mit schuldgekrümmten Rücken durch die Gassen. Andere versuchen mit herausgelehnten Oberkörpern, die Lage unter ihren Fenstern zu erfassen. Verräterische dunkle Flecken auf Jacken, die sich erfolgreich gegen Versuche gesträubt haben, ihnen den Uniformcharakter zu nehmen, provozieren Nachfragen. Offiziere in britischen Infanterieuniformen befragen Leute, die ihre Untergebenen ihnen vor die improvisierten Schreibtische getrieben haben. Die am häufigsten ausgeübte Bewegung dieses Tages ist heftiges Kopfschütteln.

Man muss es eine wirklich wundersame Wandlung nennen: In dieser kleinen Stadt, in der sich noch gestern massenhaft

Funktionsträger des Reiches, Soldaten und SS-Männer selbstbewusst bewegt haben, lässt sich heute kein einziger Nazi mehr finden.

Und es soll noch Jahrzehnte dauern, bis diesem Mangel – zumindest teilweise – wieder abgeholfen sein wird.

Zum Gedenken an die Opfer des
Faschismus in Wolfenbüttel

Fritz Fischer
+ 20.4.1891   † 8.7.1933

Alfred Derkampus
+ 3.9.1896   † 8.7.1933

Alfred Müller
+ 26.3.1907   † 8.7.1933

Paul Dawelski
+ 24.9.1897   † 6.3.1934

Hermann Müller
+ 31.12.1896   † 23.9.1942

Fritz Röttger
+ 16.8.1899   † 8.7.1944

Heinrich Wedekind
+ 23.5.1894   † 27.11.1944

Kurt Strupat
+ 20.5.1900   † 8.2.1945

Von großen und kleinen Fluchten

Im Alter von siebzehn Jahren war ich an dem Punkt, an dem nicht mehr ging, wie man heute so sagt.

Sämtliche Träume, so bescheiden sie auch gewesen sein mögen, waren zerplatzt. Gescheitert war alles, was ich mir vorgenommen hatte. Es blieb mir nur die Flucht nach vorn. Weg, weg hier, weg aus dieser bedrohlichen Mittelmäßigkeit, weg aus diesem Leben, an dem ein Tag wie der andere war – stets berechenbar. Ein Wagnis eingehen, wie es sich keiner dieser Typen um mich herum trauen würde.

Es dauerte zwei Wochen, in denen ich mich wie selten zuvor anstrengte, um mein Ziel zu erreichen. Dann waren die Genehmigungen erteilt, Mutters Unterschrift endlich dort, wohin sie meiner Meinung nach gehörte. Am nächsten Morgen fuhr ich kostenfrei von Hannover mit einem LKW mit, der den Neustädter Hafen in Bremen ansteuerte. Stunden später betrat ich voller Bangen die Gangway eines Schiffes, das mich an den US-Golf bringen würde.

Alles war neu. Ich hatte die unterste Position an Bord, dreißig Kerle über mir, die mich oft meine Rolle spüren ließen. Ich musste es ertragen. Erstmals in meinem Leben konnte ich mir keine meiner bisherigen kleinen Fluchten erlauben. Kneifen war unmöglich. Von Bord gehen war keine Option – mitten auf dem Atlantik. Erstmals lernte ich, durchzuhalten, mich zu behaupten, notfalls durchzusetzen. Nach drei Monaten kehrte ich als ein Mensch mit verändertem Charakter nach Hause zurück.

Eine Flucht ins Ungewisse kann sich auszahlen, habe ich gelernt.

Meine spezielle Lektorin

In meinem Leben als Schreiberling werde ich stets von einer Person begleitet, die mich vor Blamagen schützt. Wer kann sich heute schon damit rühmen, von einer persönlichen Lektorin betreut zu werden? Wohl nur wenige, aber ich gehöre dazu.

Seit ich das Schreiben biografischer und kreativer, fiktiver Texte für mich entdeckte, ist sie beim Schreibprozess an meiner Seite. Niemals schaut sie mir neugierig über die Schulter oder treibt mich an. Manchmal scheint sie ja zu ahnen, dass ich in meinem Kopf wieder einmal etwas ausbrüte – aber dann lässt sie mich einfach in Ruhe. Sie weiß genau, irgendwann werde ich ihr die beschriebenen Seiten vorlegen, verbunden mit der Bitte, doch einmal „drüberzuschauen". Manchmal tut sie dann etwas genervt, obwohl längst erkennbar ist, wie die Spannung auf den Inhalt in ihr steigt.

Dann liest sie. Unbeirrbar und resolut macht sie mich auf Dinge aufmerksam, die unbedingt geändert werden sollten – in solidarischer Weise, niemals verletzend oder das Geschriebene ins Lächerliche ziehend. Mein Vertrauen in ihre Fähigkeit, so wie ein Suchhund Fehler aufzuspüren, ist unbegrenzt. Dennoch lasse ich mich nicht selten auf einen Kampf um Formulierungen oder Bewertungen eines Sachverhalts ein, und bisher wurde noch immer ein Kompromiss erreicht. Fragen des Stils, der Orthografie, der Grammatik und des Inhalts können so geklärt werden. Und am Ende steht dann ein Text, der nicht von irgendeinem Lektor verschlimmbessert wurde, nur weil er seine eigene Schreibe für das Größte hält, sondern meine Deutung der Welt. Allerdings stets wirksam und behutsam zugleich korrigiert, durch eine besondere Sehhilfe mit reichlich Eigensinn namens Ute.

Wenn also ein Text nach mehrfachem Überarbeiten gelungen erscheint, dann drängte sie vorher hartnäckig und unbestechlich zugleich auf notwendige Änderungen. Wenn deshalb der eine oder andere meiner Texte bei Lesenden erfolgreich ankommt, dann deshalb, weil wir seit siebenundvierzig Jahren uns und dem Rest der Welt beweisen, dass wir in vielen Lebensbereichen ein unschlagbares Team sind. Und das gilt eben auch bei der Textproduktion. Sollten meine Schreibbemühungen erfolgreich genannt werden können, ist das auch ihr Erfolg. Der Hinweis darauf ist mir besonders wichtig, ebenso wie der auf jene allgemeingültige Erkenntnis, die viele andere schon vor mir hatten: „Hinter jedem erfolgreichen Mann steht eine starke Frau." Was zu beweisen war.

Übrigens: Sollten in diesem Text Ungereimtheiten oder schlimme Fehler enthalten sein, dann nur deshalb, weil er ausnahmsweise nicht von Ute lektoriert wurde. Schließlich bekommt sie ihn als Weihnachtsgeschenk, und so etwas sollte doch bis zur Bescherung geheim bleiben.

Das Springen der Schweinswale

Es ist eine ruhige Fahrt. Er steht im Cockpit und lässt das Steuerrad gemächlich zwischen den Händen gleiten, antizipiert jedes noch so kleine Aus-dem-Ruder-Laufen und steuert dagegen, noch bevor das Boot die Ideallinie verlassen kann. Durch den Halbwindkurs streicht nur wenig Wind über seine linke Wange. Keine salzige Gischt peitscht auf ihn ein – so wie noch vor zwei Stunden. Tief zieht er den Geruch des Meeres durch die Nase, wie stets, wenn er eine solche Fahrt genießen kann.

Als er sich umsieht, weil er mit dem Kielwasser beurteilen will, ob der Kurs gradlinig verläuft, sieht er aus den Augenwinkeln diesen dicken Schweinswal. Er dreht sich ein wenig zur Seite, um das Tier besser beobachten zu können. Es ist sonderbar, dass ein einzelner Schweinswal das Boot begleitet. Sonst ist es stets eine Gruppe oder zumindest ein Paar. Das typische, trotz der Leibesrundung anmutige Herausschnellen beim Atmen, wiederholt sich oft mehrere Minuten, manchmal meilenweit. Stets springen sie dann im Kielwasser Richtung Bootsheck, und ohne es zu berühren, tauchen sie kurz vorher wieder ein.

Der hier, dieser Einzelkämpfer, scheint vorerst nicht aufgeben zu wollen. Schon seit einer halben Stunde folgt er nun dem Boot, über drei Meilen sind bereits gesegelt. Der Mann am Ruder dreht sich in immer kürzeren Abständen um. Es beginnt ihn zu nerven. Und irgendwann bemerkt er diesen Blick. Sonst glotzen sie vor sich hin, doch der hier scheint ihn zwingen zu wollen, ihn anzusehen. Es ist, als wolle er diesen Mann am Steuerrad hypnotisieren.

Der scannt sein Gehirn auf der Suche nach Erfahrungen mit Schweinswalbegegnungen – doch eine vergleichbare Situation hat er weder erlebt, noch davon gehört. Eigentlich mag er diese Viecher, aber der hier wird allmählich lästig. Bei jedem Auftauchen sieht das Tier ihn an, und in dem zwingenden Blick spiegeln sich Intelligenz, Wissen und Lebenserfahrung wider.

Plötzlich springt ihm ein längst verdrängtes Ereignis in Erinnerung – jene Fahrt, die so unverfänglich begonnen hatte, aber dann sehr schmerzvoll verlaufen war. Vergleichbare Bedingungen, etwa das gleiche Wetter wie heute. Und dann dieses Schweinswalpärchen, das lange im Kielwasser herumgetollt hatte. Bis es ihm irgendwann überdrüssig wurde, weil ihm von unten jemand ein warmes Essen heraufgereicht hatte, das er in Ruhe, die eine Hand am Ruder und die andere zum Mund führend, in Ruhe genießen wollte. Um endlich seine Ruhe zu haben, startete er kurz den Motor in der Absicht, das Schweinswalpärchen damit vertreiben zu können. Noch bevor er sich hatte umdrehen können, um sich vom Erfolg seines Handelns zu überzeugen, presste sich ein Schrei, ein quiekender und leidvoller Schrei, in seine Ohren. Vor Schreck hatte er das Steuer losgelassen, was eigentlich jedem Steuermann zu Schande gereichte, und nach achtern geblickt. Er sah einen sich wild gebärdenden, seine weißen Zahnreihen zeigenden Schweinswal, der immer noch quiekte, sowie eine abgerissene Schwanzflosse im Kielwasser, von der sich das Boot mit sechs Knoten Fahrt entfernte. Das Essen war außenbords gegangen, der Appetit verflogen, und sein Magen begann zu krampfen. Noch nahm er die Schwanzflosse war, wie sie auf den kurzen Wellen des Kielwassers tanzte, dann verlor er sie beim Kotzen aus dem Blick.

Die da unten im Boot hatten nichts von der Sache mitbekommen, und er unterließ es, ihnen davon zu erzählen. Scham und der

Schrecken über das kaum zu Verarbeitende ließen ihn schweigen. Einer äußerte beim Wachwechsel zwar seine Verwunderung über die kurzzeitig angelassen Maschine, und argwöhnisch musterte er die Kotzflecken auf der Rettungsweste des Rudergängers – aber dann schwieg er. Er begnügte sich mit der Erklärung, mit dem Anlassen habe er Tang von der Schraube lösen wollen.

In der jähen Erkenntnis, dass er trotz seiner bisherigen Verdrängungsleistung brutal mit einer Realität konfrontiert wird, die nicht so einfach zu verdrängen ist, sieht er dem Tier mutig in die Augen. Er glaubt, Hass, Wut und unaussprechbare Vorwürfe darin zu erkennen. Der kann mit nichts anhaben, versucht er sich noch zu beruhigen. Kurz danach setzt der Schweinswal zum letzten großen Sprung an.

Am Tag, als das Geld verschwand

Norbert hatte so schlecht geschlafen wie seit Jahren nicht. Gestern, nach dem Empfang des Schecks über die fette Geldsumme, die ihm durch den plötzlichen Tod seiner Erbtante Elfriede zugefallen war, hatte er sich mit leuchtenden Augen und zittrigen Händen nach Hause begeben und die Flasche Champagner geköpft, die er unterwegs noch eilig aufgetrieben hatte.

Alkoholbeflügelte Fantasien waren danach durch sein Hirn gerast. Alle Schulden würden nun getilgt sein, kein russisches Inkasso-unternehmen würde noch in Gestalt muskelbepackter Glatzköpfe hartnäckig an die Tür klopfen und ihn bedrohen, die mitleidigen Blicke von Kollegen und Nachbarn wären Vergangenheit. Statt dieses Elends ein völlig neues Leben: ein brummiger Sportwagen, Reisen auf die Malediven und eine neue Wohnung in einer besseren Gegend. Und da warteten ja auch noch die Frauen – jene, die sich gern auf Männer mit dicken Brieftaschen stürzen, wie Fliegen auf den größten Haufen. In solchen Aussichten schwelgend, war er dann irgendwann auf der Couch eingedöst.

Nach dem Aufwachen, beim ersten Gedanken an das gestrige freudige Ereignis, war er sofort hellwach. Die üblichen vier Tassen Kaffee kippte er gewohnheitsmäßig auch heute in sich hinein, wären aber eigentlich nicht nötig gewesen. Er stand auch so schon wieder genügend unter Strom.

Etwas Ablenkung würde gut tun, dachte er, und knipste für die Morgennachrichten den uralten Fernseher an. Was er sah, war ein hektisches Hin-und Herschalten vom Nachrichtenstudio zu mehreren Korrespondenten draußen, die vor Bankgebäuden, in der Börse und auf Plätzen voller aufgeregter Menschen standen, alle mit besorgter Miene und furchtbar aufgeregt. Das Bild war unterlegt von einer blinkenden roten Banderole am unteren Bildschirmrand. Norberts Neugier war geweckt, und mit fahrigen Bewegungen schaltete er die Lautstärke herauf.

Es dauerte noch eine Weile, bis er die Tragweite dessen erfassen konnte, was da an Sensation geboten wurde. Die Ratlosigkeit, die alle Beteiligten auf dem Bildschirm zur Schau stellten, ergriff irgendwann auch ihn und wandelte sich Bestürzung, als er das Gehörte weiterdachte und auf seine persönliche Lage übertrug.

Da im Fernsehen berichteten sie tatsächlich, über Nacht habe es eine Währungsreform gegeben, und das Geld sei nun massiv entwertet. Auslöser seien die letzte, noch nicht überwundene Bankenkrise und jene neue Finanzkrise, die von Italien herübergeschwappt sei. Man habe einen Schnitt machen müssen. Alle Banken blieben bis auf Weiteres geschlossen. Seit Mitternacht habe der *Euro II* den *Euro* abgelöst, der Tauschwert betrage eins zu zehn. In drei Tagen würde damit begonnen, die neue Währung auszugeben, und dann könne man auch sein Bargeld umtauschen. Die auf Konten liegenden Beträge würden nach dem festgelegten Tauschwert neu berechnet.

Wie im Zeitraffer lief vor Norberts Augen nun ein Film besonderer Art ab. Er sah, wie aus dem ersehnten Sportwagen wieder seine alte Rostlaube wurde, wie er statt auf die Malediven für einen Tagesausflug in die Lüneburger Heide fuhr, wie er statt in der besseren Wohngegend weiterhin in seinem alten, trostlosen Viertel bleiben musste, in dem die russischen Inkassounternehmen überraschend aufkreuzte und energisch an die Türen klopfte. Und er sah, wie statt der tollen Frauen solche Gestalten wie die hässliche

Agathe hinter ihm herliefen, deren Nachstellungen er sich bisher hatte erwehren können.

Norbert wurde stumm. Keinen Schrei der Hilflosigkeit oder des Ärgers brachte er heraus. Was aber die Nachbarn aus seiner Wohnung vernehmen konnten, war eine mittlere Explosion – ausgelöst von einer leeren Champagnerflasche, die mit voller Wucht in einen uralten Röhrenfernseher geschleudert worden war.

Der Pessimist

Falls er schon immer so war, wird er sich schon früh gefragt haben, weshalb er überhaupt geboren werden musste. Aber vielleicht ist er ja auch erst später über ein schlimmes Ereignis gestolpert, das unbarmherzig zuschlug und ihn dazu brachte, überall den schlechtestmöglichen Ausgang von Geschehnissen vorauszusetzen. Denn eines ist sicher: Alles wird schief gehen – also auch sein Leben. So einer ist kaum in der Lage, planerisch zu handeln und Dinge konstruktiv anzugehen. Weil es sowieso nur falsch laufen kann, unterlässt er solche Anstrengungen von vornherein. Er ist ein Gefangener seiner grundsätzlich negativen Sichtweise.

Soweit, so schlecht, wenn es doch nur ihn beträfe. Aber sein Denken wirkt entweder ansteckend, oder aber er versucht stets, auch andere Zeitgenossen zu beeinflussen. Er muss sie davon überzeugen, dass das Gute, Positive, Erfolgreiche nirgends einen Platz findet und deshalb auch nicht zur Entfaltung gelangen kann. In dieser Art der Beeinflussung ist er oft erstaunlich effektiv, und jeder Erfolg ist für ihn eine Bestätigung. Das hat er doch gleich gewusst! Und wenn er dann und wann doch auf Zeitgenossen trifft, die er nicht von dem Gedanken abbringen kann, Erfolge und Gelungenes seien möglich, hat er seine kleinen Tricks auf Lager, um diese krankhaften Optimisten nicht zum Zuge kommen zu lassen. Dann wird er – quasi in Ableitung seiner pessimistischen Grundeinstellung – zum Defätisten, der die Erfolge anderer kleinreden, negieren oder ins Negative wenden muss.

Typen wie er sind Garanten dafür, dass die Welt so schlimm in der Scheiße steckt, wie man es derzeit konstatieren muss, und dass diese Welt es obendrein gar nicht mal so schlimm findet, weil es eh nicht besser werden kann. Ihn, den Pessimisten, stört das nicht, er macht weiter wie bisher. Selbst dann, wenn er in dieser braunen Masse zu ersticken droht, in der er sich – wie auch der Rest der Welt, suhlen muss.

Alles nur Übung

Die einzige Wahl, die man uns ließ, war die zwischen Knobel-
bechern und 08ern, jenen halbhohen Schnürstiefeln mit
Gamaschen, die wiederum dazu getragen wurden, den Pfützen-
dreck nicht oben hineinlaufen zu lassen.

Nun sollen wir nach dem Zwanzigkilometermarsch mit vollem
Gepäck einschließlich Sturmgewehr und Schutzmaske, unter der
wir die letzten fünf Kilometer im verschärften Tempo zurück-
legten, unser Quartier einrichten. Es liegt mitten im Fichtenwald,
der Dezemberschnee hat sich nur wenig zwischen den Kronen zum
Waldboden durchmogeln können. Mit unseren bewährten Klapp-
spaten – das Reichspatent dafür wurde 1937 erteilt, also rechtzeitig
vor den Raubzügen des III. Reiches – hacken wir die gefrorene
Erde auf und buddeln dann unsere Schanzlöcher achtzig Zenti-
meter tief. Dann legen wir die Erde mit dem Moosboden aus,
breiten unsere Zeltplanen darauf aus und legen unsere ausgerollten
Schlafsäcke darüber.

Zwei nicht endenwollende Stunden liegen wir nun in diesen
Löchern, und nichts geschieht in dieser Zeit. Wir erwarten den
Angriff der Leute des Nachbarzuges, die vom Kompaniechef als
„Blaue" angekündigt und uns „Roten" zum Gegner erklärt worden
sind. Doch niemand kommt.

Schließlich erhalten wir die Erlaubnis, uns etwas Warmes zum
Essen zuzubereiten. Die klappbaren Esbitkocher werden an-
gezündet, und bald ist der Büchsengulasch fertig. Nicht nur die
Feldgeschirre klappern, als sie gefüllt werden. Die ersten Bissen
bei minus drei Grad Celsius sorgen für eine zaghafte Aktivität,
bringen etwas Leben in unsere steifgefrorenen Glieder. Dass wir

dann aber in Sekundenschnelle von „Null auf Hundert" kommen, liegt nicht am warmen Essen.

Die „Blauen" kommen! Das alberne Spiel ums Totschießen setzt unvermittelt ein. Mein G3 wärmt meine Hände durch die zugeteilten achtzig Schuss Übungsmunition, die ich aus meinen vier Magazinen im Dauerfeuer verschieße.

Der Zugführer grinst arrogant und zufrieden, als er nach Ermittlung der Tagessieger seinen Hintern aus seinem ofengewärmten Bunker bequemt. Was für ein Arschloch.

Deutscher Weihnachtsmarkt

Der Weihnachtsmarkt auf dem Domplatz gehört zu jenen, die in Deutschland einen besonderen Ruf genießen, und deren Menge man an einer Hand abzählen kann.

Ein Flüchtling aus Syrien hatte davon gehört und wollte sich dieses besondere Stück Deutschland nicht entgehen lassen. Obwohl er wusste, dass noch im November die letzte große THÜGIDA -Demo auf diesem großen Platz stattgefunden hatte, der sich bis zum Fuße der Domtreppe erstreckte, war er neugierig. So wie die anderen hatte er sich voller Hoffnung mit seiner Familie nach Deutschlang durchgeschlagen, und nun fühlte er sich, so wie die anderen, im Zeichen von PEGIDA und THÜGIDA alles andere als willkommen geheißen. Und doch unternahm er nun mit seiner Familie – seiner Frau und den drei Kindern – den ein-stündigen Fußmarsch vom Auffanglager am Stadtrand zum Erfurter Weihnachtsmarkt.

Staunend begaben sie sich – zur Vorsicht und eigenen Sicherheit fest einander an den Händen haltend – in das Gewühl, das zwischen den Bretterbuden in den schmalen Gassen herrschte. Bald überkam sie ein seltenes Gefühl der Vertrautheit. Es erinnerte an zuhause, damals, vor dem Krieg, bevor Assad und mitsamt seinen in- und ausländischen Helfern begonnen hatte, dem eigenen Volk die Lebensgrundlagen unterm Hintern wegzuschießen. Vieles erinnerte an damals: die vielen bunten Lichter, der Glitzerkram und die verführerischen Düfte. Wie damals zuhause ließen sich die Menschen hier und heute davon anstecken, auch sie liefen wie berauscht umher.

Wenn dieses Weihnachtsfest der Christen ein Fest des Friedens war, dann tat es wirklich seine Wirkung. Menschen, die noch vor einer Woche an derselben Stelle hasserfüllte, xenophobe Parolen gebrüllt haben mochten, schienen sie hier vergessen zu haben. An zahlreichen Buden standen sie, meist grüppchenweise, und prosteten sich zu. Der Glühwein in den Tassen roch süßlich und verführerisch. War das die Wirkung des Alkohols, dass sich diese kürzlich noch aggressiven Deutschen nun in den Armen lagen? Der Prophet hatte Alkohol verboten – aber vielleicht ja unter dem Eindruck von betrunkenen, die anders reagiert hatten als diese Leute hier? Es war beeindruckend: Gestern noch PEGIDA-Parolen grölend, heute Weihnachtslieder lallend – welch ein Unterschied.

Ein Lebkuchenherz für jedes der drei Kinder, wenn auch jeweils nur ein kleines, kaufte der Vater an einer Bude. Die bestand eigentlich nur aus einem großen Wohnwagen, dessen Seitenwand vollständig hochgeklappt worden war. Den Glühwein verkniffen sich die Eltern, und auch diesen seltsamen Bratwürsten misstrauten sie. Schweinefleisch würde auch weiterhin tabu sein. Ein Brötchen, in das man einen fürchterlich sauren Fisch eingeklemmt hatte, dessen Schwanzflosse noch an einem Ende herauslugte und der mit vielen Zwiebeln zugedeckt war, musste für die Erwachsenen reichen.

Der Vater zog die Geldbörse und kramte darin, als die Kinder quengelnd vor einer Holzbude stehen geblieben waren, aus der es nach frischem Gebäck roch. Drei Euro für eine kleine Tüte mit diesen kissenartigen Gebäckstücken, bestreut mit Puderzucker, konnten dann doch noch geopfert werden. Glücklich zog die Familie weiter, während sich alle ab und zu genüsslich ein Stückchen zum Munde führten. Für eine kurze Zeit vergaß man die

Lage, in der man sich befand. Wie hätten sie auch wissen sollen, was es mit der Bezeichnung „Schmalzgebäck" auf sich hatte? Der Verkäufer hatte sich einen entsprechenden Hinweis verkniffen. Noch vor einer Woche hatte er auf diesem Platz gestanden und gegen diese Fremdlinge demonstriert. Vorgestern hatte er sich gefreut, diesen Job auf dem Markt ergattert zu haben und etwas dazuverdienen zu können. Er hatte also zwei triftige Gründe, mit einem schiefen Grinsen die drei Euro zu kassieren und auf nicht auf die Herkunft des Frittierfettes hinzuweisen:

Erstens der Hass auf Fremde und zweitens die Angst, ihretwegen arbeitslos zu werden. Diese fatale Mischung negativer Emotionen ist es, die Menschen der PEGIDA und anderen Bauernfängern hinterherlaufen lässt. Doch Hass und Angst waren zuerst da, und sie mussten erst einmal geschürt werden. Wem nützt das? Wer schürt da hinter den Kulissen?

Aufregung

Ich hatte vergessen, das Fenster zu schließen. Es fiel mir erst ein, als ich gerade den Zug bestieg. Während der gesamten Fahrt, die über drei Stunden dauern sollte, quälte mich der Gedanke an mögliche Einbrecher, die sich eine solche Gelegenheit ja wohl kaum entgehen lassen würden. Irgendwann ertappte ich mich dabei, dass ich die Hausratversicherung aus dem Langzeitgedächtnis aufrief und sie auf etwaige Klauseln hinsichtlich meines fahrlässigen Handelns abprüfte. War ich dennoch abgesichert?

Im Radio, das mir mein Handy über einen Ohrstöpsel bot, sagten sie in den Nachrichten gerade etwas über Einbruchsstatistiken, die in der letzten Zeit dramatisch angestiegen seien. Wenn mich auch sonst Statistiken kaum zu beeindrucken vermochten, war es diesmal doch anders. Heute läuft aber auch alles gegen mich, dachte ich, und bestimmt auch der Zufall. Mein altmodisches Handy, wegen dem ich stets mitleidige Blicke von selbstbewusst tuenden Smartphone-Besitzern erntete, wenn ich es zückte, war gottlob empfangsbereit.

In der Liste suchte ich die Nummer meines Nachbarn nebenan und rief dort an. Das Freizeichen lies ich etwa eine Minute lang tuten, bis ich aufgab und mit zitternden Fingern die rote Taste drückte. Dann suchte ich die Nummer meiner Nachbarn gegenüber – das Zittern war nicht zu unterdrücken – und wählte sie an. Sofort nach dem ersten Freizeichen nahm jemand ab. Gerade als ich gegrüßt hatte und meine Frage anbringen wollte, sagte eine weibliche Stimme aufgeregt: „Augenblick!"

Im Hintergrund war das hastige Öffnen eines Fensters zu hören, dann sprach die Nachbarin erneut: „Entschuldige, aber da drüben

ist gerade die Polizei aufgefahren. Da haben sie offenbar ein-
gebrochen."

„Sie haben tatsächlich bei uns eingebrochen?", fragte ich ent-
geistert.

„Nein, nicht bei euch. Direkt nebenan. Da hattet ihr aber Glück.
Euer Fenster im ersten Stock steht ja sperrangelweit offen. Ja, und,
was kann ich für dich tun?"

Was ist geschehen?

Die linke Wange ruht auf einer glatten und kühlen Unterlage. Seine rechte Hand schmerzt, er kann damit nicht greifen. Mit der Linken ertastet er jene sandigen Fugen, die jeden einzelnen Stein umschließen. Kopfsteinpflaster! Dann berührt der Daumen etwas, das sich mühelos verschieben lässt. Es ist leicht, fest und rissig. Der Produzent dieser Hinterlassenschaft wird anschließend bellend davongelaufen sein.

Bei jedem Atemzug schmerzt die rechte Brustkorbseite. Ob Prellung oder Rippenbruch, muss später eine Röntgenaufnahme klären. Regen schlägt hart auf das Gesicht und löst etwas, dass mit einem dickeren Rinnsal über die Wange läuft. Die Linke wischt darüber, dann öffnet sich endlich das nicht zugeschwollene Auge. Sie wird feucht und – wie er im trüben Licht einer Laterne erkennen kann – rot.

Das Zeitgefühl hat ihn im Stich gelassen. Die Uhr am Handgelenk ist verschwunden. Ein verdunkelter Himmel gibt keinen Hinweis auf die Tageszeit. Mühsam und zitternd, die verletzten und allesamt schmerzenden Körperteile schonend, rappelt er sich auf und torkelt aus der Toreinfahrt in eine unbekannte Gasse hinaus. Obwohl die Passanten ihm zwanghaft seinem Blick ausweichen, spürt er ihre entsetzten Blicke in seinem Rücken. Ein einziger Gedanke zieht wie in einer Endlosschleife durch sein Gehirn: Womit kann ich diesen gerissenen Film wieder flicken?

Per Rollstuhl in die Zukunft

Das für ihn typische, verschmitzt und zugleich bedrohlich wirkende Grinsen, wie stets von kalten, stechenden Augen überstrahlt, hatte sich auf seinem Gesicht breit gemacht. Bedächtig drückte er den Oberkörper bis an die Rückenpolsterung nach hinten, seine Hände ruhten auf den chromfarbenen Lehnen des Rollstuhls. Blitzlichtgewitter begleitete ihn und jene Person, die mit kaltem Siegerlächeln dieses Gefährt samt Fahrgast durch die Menschenmenge manövrierte.

Tumultartige Szenen spielten sich ab. Zwei offenkundig sich feindlich gegenüberstehende Gruppen schrien der jeweils anderen beleidigende Parolen zu. Die Bodyguards schienen überfordert, versuchten dennoch mit verzweifelter Anstrengung, eine Gasse für jene beiden im Mittelpunkt stehenden Personen freizukämpfen. Dann flog eine Torte, streifte zuerst die den Rollstuhl schiebende Person, um schließlich auf dem Schoß des Rollstuhlsitzers kleben zu bleiben. Aber so etwas war längst alltäglich geworden, man regte sich kaum noch darüber auf, sah es nicht als tätlichen Angriff an, sondern empfand es inzwischen als normale Meinungsäußerung. Und deshalb macht sich auch niemand im Saal die Mühe, den Tortenwerfer dingfest zu machen. Der stand nun in seiner krakeelenden Gruppe und stemmte die Arme zu einer Siegerpose in die Höhe.

Einem Beleuchter war es inzwischen gelungen, die nötige Helligkeit für jene Fernsehkamera zu liefern, die einen akkurat geföhnten Mann mit wichtigem Blick und schreiendem Reporterton ins Bild nahm. Auf ein Zeichen des Kameramanns hin hob er das Mikrofon und sprach die Person hinter dem Rollstuhl an:

„Frau Weidel, was haben Sie uns zu sagen?"

Mit ihrem süffisanten Siegerlächeln wies die Angesprochene auf den Mann vor ihr im Rollstuhl und antwortete: „Die Kleiderordnung gebietet es, dass Herr Schäuble verkündet, was wir vereinbart haben."

Eilfertig, mit fragendem Blick und in Windeseile hielt der Reporter dem Schäuble das Mikrofon so dicht vor die Nase, dass einige Zuschauer eine Verletzung befürchteten. Die Situation verbot es dem Reporter, mehr als ein fragendes „Herr Schäuble?" auszustoßen.

„Ja, ähh!" Und nach einer Kunstpause, die Nachdenken zu signalisieren schien, fuhr er fort: „Wenn wir eine linke Volksfrontregierung verhindern wollen, besteht angesichts der neuen Mehrheitsverhältnisse im Bundestag nur eine sinnvolle Option. Angesichts dieser Erkenntnis haben wir uns auf folgende Eckpunkte geeinigt: Wir bilden eine Koalition aus CDU, CSU und AfD. Der gemeinsame Vorschlag lautet, dass ich zum Bundeskanzler gewählt werde. Frau Weidel wird als Vizekanzlerin zugleich ein neu zu schaffendes Ministerium zur Erledigung der Flüchtlingsfrage übernehmen. Alle weiteren Einzelheiten sollen in den nun folgenden Koalitionsverhandlungen zur Zufriedenheit aller drei Parteien geklärt werden."

Die weiteren Ausführungen blieben unverständlich, denn nun ging ein Aufschrei der Entrüstung durch den Saal, ausgestoßen von mehreren hundert Kehlen.

Erschrocken riss ich die Augen auf. Ich sah nichts, und der Tumult war verstummt. Obwohl mein Schlafzimmer abgedunkelt und schallgedämmt und deshalb prinzipiell geeignet war, endlich die ersehnte Stille und Dunkelheit zu bieten, konnte ich mich einfach nicht beruhigen. An Schlaf war nicht mehr zu denken.

Freiheit im Kapitalismus

Freiheit im Kapitalismus – das ist die Freiheit eines freien Fuchses in einem freien Hühnerstall. Soeben nahm ich mir die Freiheit, Brecht zu zitieren. Er meinte eine Freiheit, die für unterschiedliche Menschen unterschiedlich definiert ist. Und er war so frei, ohne Rücksicht auf naserümpfende Zeitgenossen diese Einsicht in die Welt zu setzen.

Welcher Gruppe würde ich mich gern hinzugesellen? Wäre ich als Fuchs – sprich als Nutznießer des Systems – geboren und erzogen worden, hätte ich kaum die Freiheit, mich gegen das Fuchsdasein zu wehren. Ich hätte das Fuchsverhalten mit der Muttermilch aufgesogen. Wäre ich ein Huhn, hätte ich schon eher die Chance, die Ungerechtigkeit dieser Welt zu erkennen. Spüren würde ich sie ohnehin ständig.

Bleibt die Frage ob ich in der Lage wäre, mich als Huhn zu wehren. Selbst wenn es gelänge, dem einzelnen Fuchs eine Falle zu stellen, ihn gar zu eliminieren, könnte ich sicher sein, alle anderen Füchse der Umgebung am Hals zu haben. Dies wäre, trotz erwiesener Notwehr, letztlich der selbst gewählte Untergang.

Also ist die einzige reale Möglichkeit, allen Hühnern dieser Welt ihre beschissene Lage vor Augen zu führen und sie davon zu überzeugen, sich kollektiv zu wehren. Es ist eine Chance, mehr nicht, aber immerhin eine Chance. Nehmen wir sie uns oder nicht, unsere Handlungsfreiheit?

Der Hildesheimer Untergrund

Die Kanalisation ist, seit sie sich zurückerinnern kann, ihr Revier. Dort ist sie aufgewachsen, dort hat sie mit ihren zahlreichen Geschwistern alle Winkel erforscht – es ist in ihrer Heimat. Rita, die kleine putzige Ratte mit dem fäkalienbeschmutzten Fell, kann sich nichts anderes vorstellen, als hier zu leben. Das Fressen kommt regelmäßig, es fließt, manchmal wellenartig schwappend, stets von den oberen Rohren in die tiefer liegenden, und von dort in das große Klärbecken. Doch vor dem hat Rita Respekt. Es zu erkunden, traut sie sich nicht. Denn dort ist es immer hell – entweder durch das Tageslicht oder durch riesige Lampen, die es nachts anstrahlen.

Rita hält sich lieber im Halbdunkel auf, dort, wo nur wenig Licht durch die Kanaldeckel nach unten dringt. All ihre Leckereien findet sich trotzdem mit ihrer feinen Nase. Das Leben ist schön, denkt Rita stets, wenn sie wieder mal an einem alten Stück Fressbarem kaut, das die Rohre direkt zu Ihrem Lieblingsplatz befördert haben. Dann legt sie sich seufzend und geschmeidig auf die Seite und lässt den Rattengott einen guten Mann sein.

Doch eines Tages passiert etwas Wunderliches. Da schwimmt ihr so ein sonderbares Päckchen entgegen. Sie traut sich zuerst nicht, daran zu knabbern. Doch dann schnappen ihre Zähnchen in jene Banderole, die ein Bündel 500-Euro-Scheine zusammenhält. Rita kennt weder Geld noch kann sie etwas damit anfangen. Das liegt auf der Hand; denn was haben Ratten mit Geld zu schaffen, und weshalb sollten sie Kenntnis davon haben, was es anzurichten imstande ist? Unter anderen Umständen hätte sie dieses Bündel einfach weiterschwimmen lassen, das so komisch aussieht und auch überhaupt nicht schmeckt. Das hat sie schon mit vielen Sachen so gehalten, denen sie nichts abgewinnen konnte. Doch diesmal ist etwas anders als sonst.

Plötzlich steht ein Mensch vor ihr. Menschen kennt sie, und Angst hat sie nicht vor ihnen. Dieser hier ist keiner von denen, die sonst in die Kanalisation steigen – mit ihren knielangen Stiefeln und dem dicken gelben Helm auf dem Kopf. Dieser hier ist in einen feinen Anzug gekleidet und hält so ein komisches Ding in der Hand, von dem sie nicht weiß, wozu es gut ist. Die arglose Rita will keinen Ärger machen und sich trollen. Doch plötzlich schießt ein greller Blitz aus dem komischen Ding, und gleichzeitig malträtiert ein lauter Knall ihr Gehör, der sich tausendfach in den Kanalrohren bricht. Rita spürt einen Schmerz in ihrem linken Vorderfuß, schafft es aber dennoch, sich schnellstmöglich zu entfernen. Laute Rufe dieses Mannes hallen durch die Kanalisation, doch Rita kann den Sinn seines Geschreis nicht einmal erahnen. Als sie mit rasendem Herzen und nach geglückter Flucht endlich ein Versteck findet, in dem sie sich sicher wähnen und zur Ruhe kommen kann, denkt sie über das Erlebte nach. Sie weiß nicht, ob sie jemals in ihre Heimat zurückkehren kann. Und sie hat drei Dinge gelernt:

Erstens: Schätze deine Heimat! Erst wenn du sie verlierst, weißt du wirklich, was du an ihr hattest. Zweitens: Traue keinem Menschen! Vor allem keinem, der in die Kanalisation hinabsteigt, dort nach seltsamen Papierbündeln sucht und obendrein Blitz und Donner machen kann. Drittens: Such die eine andere Kanalisation. Denn wer weiß, was die da oben sonst noch alles anstellen, um an diese ungenießbaren Papierbündel zu kommen.

Das Manifest des denkenden Menschen

Die Geschichte der Menschheit ist stets auch eine Geschichte der Macht. Fast alle Probleme des gesellschaftlichen Zusammenlebens sind darin begründet, dass Menschen Macht über andere erringen wollen oder glauben, sie erhalten zu müssen. Wann jemals hat ein Mächtiger – oder Machthungriger – moralische Skrupel gehabt, seine egoistischen Ziele zu verfolgen?

Zwei Strategien stehen Herrschenden zur Verfügung:

Die eine wurzelt tief im menschlichen Erfahrungsschatz. Von jeher orientierten sich Mächtige daran. Allen Unterdrückten wurde die Furcht vor Zuchtmitteln schmerzlich ins Gedächtnis gepflanzt, so dass sie sich angsterfüllt in ihr vermeintliches Schicksal fügten. Unter dieser Strategie litt die Menschheit seit dem Altertum, ihre Anwendung ist auch heute noch Instrument von Despoten, die entweder die andere Strategie nicht beherrschen oder denen die Maske des Menschenfreunds längst verrutscht – deren hässliche Fratze dadurch für alle klar erkennbar ist.

Die zweite Strategie ist auf den ersten Blick eleganter. Religionen wurden dazu gegründet, und Religionswächter waren die ersten, die sie für sich nutzten. Totalitäre Regime der Neuzeit bedienen sich ihrer bis heute (die Nazis nannten das Propaganda). Diese Strategie fußt darauf, eine vermeintliche Selbststeuerung der Individuen zu propagieren. Ein selbsterklärendes Regelwerk, das dazu mit einem Heilsversprechen verbunden ist, wird in einem langwierigen Erziehungsprozess in die Köpfe der Menschen ver-pflanzt. Wer es verinnerlicht hat, wird fortan signifikant weniger sanktionsandrohende Fremdkontrolle von außen benötigen, um im Sinne der Herrschenden zu funktionieren. An die Stelle äußerer

Steuerung wird eine innere Steuerung gesetzt, an die Stelle externer Zuchtmittel treten Gewissensbisse und Seelenpein. Der Glaube an eine prinzipiell menschenfreundliche Gesellschaft, verbunden mit der vermeintlichen Gewissheit, dass individuelle Einschränkungen zum Wohle aller nötig ist, ergänzt mit der korrumpierenden Verführung, am Katzentisch der Mächtigen sitzen zu dürfen und der Irrglaube, dadurch selbst mächtig werden zu können – all dies erzieht Menschen zu herrschaftserhaltenden Handlangern der Macht. Notfalls, beim Versagen der inneren Steuerung, sorgt dann staatliches oder moralisches Regelwerk mit entsprechendem Sanktionsrepertoire dafür, Selbstkontrolle zu erzwingen oder ersatzweise Fremdkontrolle aufzuerlegen. Mithilfe eines solchen Systems können Herrschende – zumindest bis zu einer fernen Revolution, ausgelöst durch unerträgliche Widersprüche – unangefochten herrschen.

Die aktuelle Form des entfesselten Raubtierkapitalismus, Neoliberalismus genannt, bedient sich heute außerordentlich erfolgreich der zweiten Strategie, dem Kampf um die Köpfe. Trotz der nicht mehr zu übersehenden Widersprüche ist die Masse entpolitisiert und wird politisch dumm gemacht. Selbst Menschen, die noch ansatzweise Probleme erkennen, resignieren oftmals vor den Machtverhältnissen mit der vermeintlichen Erkenntnis, „die da oben" machten sowieso, was sie wollten.

Klar ist: mit solch seelisch deformierten Menschen lässt sich keine solidarische Gesellschaft bauen, in der Menschen einen emanzipatorischen Entwicklungsprozess erleben können. Selbst eine aufgrund unerträglicher Zustände ausgelöste Revolution würde vom Regen in die Traufe führen. Denn auch dies zeigt die Geschichte: Andere Herrschende mit vergleichbaren Herrschaftsmethoden treten an die Stelle der bisherigen, wenn unmündige Menschen in dieser Situation nicht befähigt sind, ihre originären Interessen zu erkennen und wirkungsvoll zu vertreten. Da ist zu fragen:

- Wie ist erreichbar, dass Menschen ihre ureigenen Interessen erkennen?
- Wie bringt man sie dazu, diese zu verfolgen, anstatt vor den bestehenden, entmündigenden Verhältnissen zu resignieren?
- Wie kann jahrzehntelange „Gehirnwäsche" durch verdummende und/oder lügende Medien beendet und ihre Resultate rückgängig gemacht werden?
- Wie kann die für den Kapitalismus unverzichtbare „Haifischmentalität" der Individuen abgebaut werden und wie kann erreicht werden, dass an ihre Stelle eine solidarische Grundhaltung tritt?

<u>Eine notwendige Bedingung für eine gute Zukunft lautet deshalb: Menschen müssen das Denken lernen!</u>

Alle, die noch selbstständiges Denken gelernt haben und unter den Verhältnissen leiden, sind im eigenen Interesse aufgerufen, ihre Intelligenz und ihre Energie dafür zu verwenden, die Verhältnisse zu wenden. Wie kann das realisiert werden?

- Über einen evolutionären Prozess ist eine Situation zu schaffen, in der eigenes Denken und das Erkennen gemeinsamer Interessen allmählich die Oberhand gewinnt. Es muss „in" sein, selbstständig zu denken, anstatt sich ständig Vorgedachtes servieren zu lassen und widerstandslos zu konsumieren. Eigensinn statt Unsinn!

- Verdummende TV-Massenmedien sind zu ignorieren und zu boykottieren. Offensiv müssen alle noch Denkenden vertreten, dass der Konsum von billigen Produkten der Privatsender (wie etwa „daily soaps") einerseits verdummen und andererseits zu schwachsinnigem Konsum anheizen. Kein Denkender sollte sich aktiv an solchen Machwerken beteiligen.
- TV-Medien und Radiosender mit verdummenden Inhalten sind ebenfalls zu ignorieren und zu boykottieren. Öffentlich-rechtliche Sender mit anspruchsvolleren Programmen sind aktiv und passiv zu unterstützen.
- Zeitungen und Journale mit Verdummungscharakter oder eindeutiger Berichterstattung „pro" Legitimierung derzeitiger gesellschaftlicher Verhältnisse sind ebenfalls zu ignorieren und zu boykottieren. Leserbriefe an sie, in der Hoffnung, Aufklärung für andere damit bewirken zu können, werten diese Machwerke unnötig auf.
- Die Nutzung Sozialer Netzwerke ist, unter Berücksichtigung des Erpressungs- und Sanktionspotenzials gegen die Schreiber, zu vermeiden und allenfalls für breite Aufklärung zu nutzen.
- Politische Bildung muss an allen Bildungsorten künftig breiten Raum einnehmen. Dies betrifft alle Lebensbereiche:
  o Kita, Schule, Studium und Berufsausbildung
  o Informelle Jugendbildung, Erwachsenenbildung und Seniorenbildung
  o Betriebe, Gewerkschaften, Verbände und Vereine, Politische Parteien

o Wohnumfeld, Freizeitstätten, themenorientierte Bürgerinitiativen

Widerstände gegen solche Bestrebungen und das Lächerlichmachen solcher Aktivitäten sind argumentativ zu bekämpfen und als reaktionär zu entlarven.

Ein unverzichtbares gesellschaftliches Projekt der ersten Hälfte des 21. Jahrhunderts lautet:

Menschen müssen fit gemacht werden für die Meisterung der Zukunft – für ihre eigene Zukunft und nicht für die derjenigen, die nur von einer unmenschlichen Zukunft profitieren. Lasst uns durch Erziehung der Menschen zu selbst denkenden Individuen gemeinsam dafür sorgen, dass eine als unausweichlich erscheinende künftige gesellschaftliche Umwälzung gut ausgeht und nicht in Katastrophe und Chaos endet.

Weshalb ich keine unpolitischen Texte schreiben kann

Es ist schon meine eigene Beobachtung, aber auch die der meisten Leser meiner Texte, dass in meiner „Schreibe" durchweg politische Einstellungen, Sichtweisen und Bewertungen enthalten sind. Und dies gilt auch für Texte, die auf den ersten Blick wenig mit politischen Fragen zu tun haben. Etwa zu Themenbereichen, denen andere Zeitgenossen entweder keine Problemstellung zuordnen oder die zumindest nicht als solche wahrgenommen werden. Im Gegensatz dazu sehe ich auch vordergründig private Dinge meist im Kontext gesellschaftlicher Bedingungen. Eine Abkopplung davon erscheint mir wie der untaugliche Versuch des Straußenvogels, einen Tatbestand beseitigen zu wollen, indem er seinen Kopf in den Sand steckt. Ich erzeuge daher nicht selten Unmut oder Verwunderung, weil selbst unverfängliche Themen oder Tatsachen häufig in für andere ungewohnter Weise von mir problematisiert und analysiert werden. Ob ich will oder nicht – stets drängt sich mir eine politisch geschärfte Brille zum Aufsetzen auf, durch die ich Dinge betrachten muss. Ist jemand, der so handelt, ein politischer Mensch? Ja, das behaupte ich von mir. Und mit Antonio Gramsci bekenne ich mich dazu, als politischer Mensch Optimist zu sein.

Da stellt sich die Frage nach dem Warum. Weshalb ich, im Gegensatz zu einem nicht geringen Teil der schreibenden Menschen, fast alles nahezu zwangsstrukturiert durch diese politische Brille betrachten muss. Und weiter: Weshalb schwimme ich in meinen Texten gegen den gesellschaftlichen Strom? Was hindert mich, unverfänglicher an Texte heranzugehen, die politische Dimension einfach ausgeblendet zu lassen? Worin liegt also der Zwang begründet, so schreiben zu müssen? Es ist ja nun nicht so, dass mich das beeinträchtigt oder dass ich gar darunter leide. Im Gegenteil, ich genieße es, auf diese Weise aus dem Rahmen zu fallen, so schreiben zu können (oder sich dazu berufen zu fühlen). Schon oft habe ich darüber nachgedacht, was mich wohl dazu antreiben sein könnte. Was bricht sich da Bahn? Kann ich nicht anders oder will ich es nicht anders? Ist es also deterministisch einzuordnen oder kommt darin mein freier Wille zum Ausdruck, dem ich folge?

Zum Hintergrund – Biografieverlauf in Kindheit und Jugend

Eine erste eigene Erklärung ist die, dass der vom Normalfall abweichende Verlauf meiner Biografie, meine nicht alltägliche Sozialisation, dies hauptsächlich bewirkt hat. Das muss ich zunächst näher erläutern.

Da ist einerseits der Umstand, in sozial ungünstige Bedingungen hineingeboren worden und in ihnen aufgewachsen zu sein. Mein Vater war Tscheche. Er wurde von den Nazis als Zwangsarbeiter nach Deutschland verfrachtet und dort bis zum Ende des Nazireichs festgehalten. Nach Kriegsende konnte er nicht in seine Heimat zurück. Er lief Gefahr, dort als vermeintlicher Kollaborateur hingerichtet zu werden. Also blieb er als entwurzelter Mensch und mit dem Status „staatenlos" in Westdeutschland. Dieses Schicksal teilte er mit Millionen Leidensgenossen, die damals von den Alliierten als „Displaced Persons" klassifiziert wurden.

Meine Mutter, Deutsche und in Danzig geboren, verschlug es nach dem Krieg nach Hannover. Meine Eltern lernten sich dort 1948 kennen und heirateten noch vor Gründung der Bundesrepublik.

Alte Nazigesetzgebung galt noch, und so entzog man meiner Mutter kurzerhand die deutsche Staatsbürgerschaft. Sie war nun ebenfalls staatenlos. Ich wurde in diesen Status hineingeboren und musste ihn bis zu meinem 17. Lebensjahr ertragen. Dann, nach dem Tod meines Vaters, beantragte meine Mutter für sich und mich die deutsche Staatsangehörigkeit, die uns schließlich 1966 zugesprochen wurde.

Mein Vater, ein gelernter Schneider, arbeitete als Kistenschlepper auf dem Großmarkt. Meine Mutter besserte das Familieneinkommen durch Hilfsarbeiten auf. Die aus dieser Grundsituation resultierenden Diskriminierungen, die ich von Anfang an erlebte, waren für mich Alltag. So im Mietshaus, wo wir wegen unseres Außenseitertums ständige „Sonderbehandlungen" erfuhren; so bei der Ausländerbehörde, wo ich die Angst meiner Mutter vor dem Versagen einer weiteren Aufenthaltserlaubnis miterleben musste; so in der Schule, wo ein Lehrer, der einst – wie gemunkelt wurde – im Nazireich an einflussreicher Stelle gewirkt hatte, der gesamten Klasse genüsslich seine Kenntnis über meine Staatenlosigkeit preisgab, wodurch ich künftig in der Klassenhierarchie ganz nach unten durchgereicht wurde und alles daraus Resultierende erdulden musste. Ergebnis dieses ständigen Einstürmens diskriminierender Signale und des daraus erwachsenden Minderwertigkeitsgefühls war ein allmählicher Rückzug aus dem Schulalltag. Man brachte mich dahin, wohin man mich haben wollte – ins gesellschaftliche Abseits. Ich entwickelte mich zum hartnäckigen Schulverweigerer, der schließlich ohne Abschluss die Volksschule verließ. Anschließende Versuche, über Handwerkslehren Fuß zu fassen, schlugen ebenfalls fehl.

Verständnis der eigenen Lage und emanzipatorischer Prozess

Es war ein Fluchtversuch aus diesen Verhältnissen, als ich dann zur See fuhr. Doch nach Übersee nahm ich die vermeintliche Gewissheit mit, ein Totalversager zu sein. Ich hatte damals den mir zugemuteten Ausgrenzungsprozess innerlich akzeptiert und war mir sicher, keinerlei Ansprüche stellen zu dürfen – ein Effekt, dessen Wirkung ich heute bei vielen Menschen in vergleichbarer Lage wiedererkenne. Dass ich später durch glückliche Umstände und durch Hilfe Anderer, letztlich aber durch meinen aus Frustrationen entwickelten und geschärften Eigensinn eine Chance bekam, die ich dann auch nutzen konnte, führte zu einer neuen Einstellung. Ich begann allmählich, mein Potenzial zu entdecken und zu nutzen. An irgendeinem Punkt dieser Entwicklung meiner Persönlichkeit erkannte ich, dass die herrschenden gesellschaftlichen Bedingungen die Funktion hatten, mich (und alle anderen in vergleichbarer Lage) in meiner Entwicklung zu hindern und mir einen angemessenen Platz in der Gesellschaft zu verwehren. Im Kampf um die Zuteilung von Lebenschancen muss diese Gesellschaft einen Teil zu Verlierern machen, und sie hat ein sehr differenziertes Instrumentarium dafür parat. Ein angeblich „gerechtes" Schulsystem, so wie ich es erleben musste und es auch heutige Schüler durchlaufen, fungiert als Zuteilungsagentur für Lebenschancen in einer differenzierten Gesellschaft – ungeachtet der jeweiligen individuellen Fähigkeiten. Dieses Bildungssystem ist vornehmlich durchlässig von oben nach unten, eine Einbahnstraße. Dies gilt jedenfalls für Unterprivilegierte und in Zeiten, in denen die Arbeitswelt vor ihnen „geschützt" werden muss – schließlich geht es um die Zurichtung der Massen auf die Bedarfe des Arbeitsmarktes. Was geschähe in dieser Gesellschaft, wenn alle jungen Menschen eine ihren Anlagen entsprechende Bildung erhielten und man ihnen anschließend mitteilte, dass sie dennoch kein Anrecht auf einen angemessenen Arbeitsplatz hätten, weil dieser Platz nicht vorhanden sei? Diese selbstbewussten Menschen würden irgendwann revoltieren, ihr Recht auf Teilhabe mit tauglichen Mitteln erkämpfen. Da ist es schon eine „elegante" Lösung, in einer auf Vollarbeitszeit getrimmten Gesellschaft den nicht benötigten Teil der Menschen den „überflüssigen" Anteil von vornherein ruhigzustellen, indem man ihm über frustrierende Bildungserlebnisse allmählich das Selbstbild einpflanzt, doch zu nicht mehr zu taugen und deshalb keine Ansprüche stellen zu dürfen.

Ich erkannte, dass die massive soziale Differenzierung, unter der auch ich zu leiden hatte, von all denen gewollt ist, die ihren Vorteil daraus ziehen. Mit der wachsenden Möglichkeit, Vergleiche zu ziehen, wuchs in mir allmählich die Gewissheit über diese Lage. Ich verstand, dass Gesellschaften, die auf sozialer Differenzierung fußen, die also antagonistisch in wenige Gewinner und viele Verlierer gespalten sind, ihre Existenz mit dem Abbau sozialer Unterschiede gefährden. Zur ihrer Überwindung ist notwendigerweise eine klare Erkenntnis der Verlierer über ihre Lage erforderlich. Systemerhaltend ist somit alles, was die Verlierer daran hindert, ihre wahre Lage zu erkennen und aufbauend auf dieser Erkenntnis die Verhältnisse zu verändern. Die Mittel in kapitalistischen Gesellschaften dafür sind Verschleierung der realen Verhältnisse, die ständige unausgesprochene Bedrohung durch sozialen Abstieg, die systematische Förderung eines trügerischen Gefühls, dennoch auf der Sonnenseite des Lebens zu stehen (D. Süverkrüp versuchte seinerzeit Aufklärung darüber mit folgender populärer Liedzeile zu leisten: „Glaub ja nicht, du seist kein Prolet, weil's andern noch dreckiger geht ...“). Letztlich gehört dazu die permanente Bestechung über den Konsum, der zum Selbstzweck des Systems geworden ist und der unbemerkt stetig neue Abhängigkeiten schafft. Fähigkeiten und Fertigkeiten werden den Menschen fortschreitend enteignet, um sie von vermarktbaren Ersatzprodukten abhängig zu machen. Kein Lebensbereich bleibt davon unberührt.

Gesellschaften, die soziale Differenzierung als innere Grundlage ihrer Existenz hervorbringen, benötigen deshalb einen unablässigen Nachschub an Individuen, die auf ihrer sozialen Pyramide ganz unten, als Basis ihres Gesamtaufbaus, verortet werden können. Da ein freiwilliges Einordnen einzelner Individuen in diesen Systemzwang nicht erwartet werden kann, wird als wirksames Instrument dazu die Diskriminierung eingesetzt. Es geht dabei letztlich darum, zur Herrschaftssicherung die vermeintliche Gewissheit in die Köpfe der Benachteiligten zu pflanzen, dass ungleiche Verhältnisse notwendig seien. Äußerlich erkennbare Merkmale wie Geschlecht, Hautfarbe, soziale Position der Eltern dienen als unausgesprochene Begründungen für das Verwehren gesellschaftlicher Chancen, die den in der sozialen Hierarchie höher angesiedelten Individuen selbstverständlich zugestanden werden. So ist es Zufall oder Schicksal, in die jeweilige Lebenslage hineingeboren zu werden. Durchlässigkeiten dieses Systems der Auf- oder Abstiegsmöglichkeiten in nennenswertem Maßstab gibt es vornehmlich in eine Richtung, nämlich abwärts. Die Bildungseinrichtungen, in solchen Systemen konzipiert als Zuteilungsagentur für Lebenschancen, sorgen für den jeweiligen Nachschub. Nur Individuen, bei denen solche Bedingungen reaktiv einen hinreichenden Leidensdruck erzeugten, der über die Entwicklung von Resilienz in Charakterstärke und Eigensinn mündete, und die obendrein unerwartete Unterstützung über Mentoren erfahren, bringen hinreichende Widerstandskraft auf, um sich gegen ihr vermeintliches Schicksal zu wehren. Dies setzt notwendigerweise voraus, dass sie die unverschuldete eigene Lage und das damit verbundene Unrecht erkannt haben. Solche Menschen sind in der Lage, darüber genügend Empörung zu entwickeln, um ihren persönlichen Weg zur Emanzipation einzuschlagen. Sie können einen besonderen Blick entwickeln und eine besondere Sensibilität für soziale Ungerechtigkeiten – aufgrund ihrer eigenen Erfahrungen. Sie wissen aus eigener Erfahrung, wovon sie reden, wenn sie solche Dinge anprangern.

Und genau so ordne ich heute meinen Lebensweg ein. Ich weiß, dass ich als junger Mensch einen solchen Weg gehen musste, dass ich eines der vielen Opfer solcher Bedingungen war, und dass ich das bis zu meinem Lebensende nicht vollständig werde kompensieren können. Unterschiedliche soziale Lagen habe ich kennengelernt. Wenn ich auch vom Underdog, der Hilfsarbeiten verrichten musste und keinerlei Ansprüche zu stellen hatte, allmählich in der Hierarchie der Arbeitswelt bis in eine Chefposition aufstieg, in der ich qualifiziertes Personal zu führen hatte, wirkten diese Mechanismen doch weiterhin unentrinnbar auf mich ein. Auch wenn ich in der Lage war, einen nicht geringen Teil Angst erzeugender Mechanismen in der Machtausübung zu deuten und Gegenwehr zu leisten. So konnte ich sensible Antennen für soziale Ungerechtigkeiten entwickeln. Der Blick für Herabsetzungen, Benachteiligungen und die dabei wirkenden Mechanismen wurde durch eigenes Erleben geschärft. Die Empörung darüber beschränkte sich bald nicht mehr auf die eigene Person. Empathie mit unter vergleichbarem Leidensdruck stehenden Menschen veranlasste mich zur Wahl eines sozialen Berufes.

Konsequenzen dieses Emanzipationsprozesses

Dass ich vor diesem Hintergrund entschieden Position zugunsten Benachteiligter bezog, ist letztlich die Konsequenz aus den diskriminierenden Erlebnissen, die ich in meinem Leben hatte. Hierin sehe ich auch meine Verweigerung begründet, mich den herrschenden Verhältnissen widerstandslos anzupassen. Wenn es mir auch gelang, die erkannten Mechanismen für meine Fortentwicklung zu nutzen, stieß ich doch immer wieder an persönliche Grenzen, die ich nicht bereit war zu überschreiten. Dennoch brachte ich oft den Mut auf, gegen den Strom zu schwimmen, Vorgesetzten offen zu widersprechen, unakzeptablen Weisungen bewusst zuwider zu handeln und mich auch in Konflikte zu begeben, die ich aufgrund hierarchischer Gegebenheiten niemals für mich entscheiden konnte. Ein Beispiel ist eine Befehlsverweigerung, die ich bei der Bundeswehr vor vielen Zeugen beging, nur um einem sich aufspielenden Vorgesetzten nicht die Genugtuung zu geben, mich herabsetzen zu können. Ich stand das durch, im vollen Bewusstsein der Nachteile, die das mit sich bringen würde. Es war meine freie Entscheidung. In der Abwägung zweier aufwühlender Gefühle, nämlich der Empörung über den herabsetzenden Umgang mit mir und der Angst vor Sanktionen, folgte ich der Empörung und handelte entsprechend. Nicht wenige der Kameraden, die das damals miterlebten, hielten mich für dumm, und sie teilten es mir auch umgehend mit. Aber es gab auch andere, die anerkennend von dem Mut sprachen, den ich bewiesen hatte. Ein anderes Mal erklärte ich einer Amtsleiterin öffentlich, ihre Fürsorgepflicht mir gegenüber zu vermissen. Sicherlich erwartete ich negative Sanktionen, die dann auch in verdeckter Form folgten, indem mir auf Jahre weitere Aufstiege versagt blieben – bis man mir dann doch eine angemessene Stellung anbot, weil ein durchsetzungsfähiger Typ als „Trouble-shooter" gebraucht wurde und ich hierfür die Eignung durch mein Handeln nachgewiesen hatte. Es war also nicht immer von Nachteil für mich, authentisch zu sein, indem mein Reden und Handeln im Einklang miteinander stand.

Ergänzend hierzu ist noch auf Folgendes hinzuweisen: Eine weitere Ursache dafür, dass ich mir eine grundlegend gesellschaftskritische Haltung zueigen machte, liegt für mich im Einfluss eines Patenonkels, mit dem ich als Kind und als Jugendlicher viel und gern meine Zeit verbrachte. Ein gebildeter, geistreicher Mann, wenn auch eine „verkrachte Existenz" und somit ebenfalls auf der Verliererseite. Aber als Mentor war er an der Entwicklung meines eigenen Weltbilds entscheidend beteiligt. Er öffnete mir die Augen und wies mir den Zugang zur Welt. Er lehrte mich, alles kritisch zu hinterfragen, was man uns über die Medien weismachen will. Und diese Grundhaltung übernahm ich bereits in einem Alter, in dem sich andere noch hauptsächlich mit ihrem Spielzeug befassen.

Zur Entwicklung meiner bewusst gesellschaftskritischen Haltung

Beide Faktoren, der entwickelte Eigensinn und die Empörung darüber, dass mir bisher Entscheidendes im Leben vorenthalten worden war, waren schließlich ausschlaggebend dafür, dass ich im

Laufe meines „zweiten Lebens" überhaupt ein Stück des Weges in Richtung Selbstverwirklichung gehen konnte. Eine Strategie ist hierbei für mich – neben der Ventilfunktion zur seelischen Hygiene – das Schreiben, das ich erst später und eher durch Zufall für mich entdeckte. Und weil die Seele, die durch leidvolle Erfahrungen ihre Verletzungen davongetragen hat, dabei nicht auszuschalten ist – nicht ausgeschaltet werden kann – fließen in all meine Texte diese Erfahrungen und die daraus gezogenen Lehren ein, ohne dass ich mich dagegen zur Wehr setzen könnte. Deshalb setze ich mich bewusst von dem ab, was ich als „Mainstream-Schreibe" verstehe. Mit dem Wandel von der diffusen Wahrnehmung hin zur allmählichen Gewissheit über meine Lage wuchs die Erkenntnis, dass soziale Diskriminierung ein Massenschicksal ist, nur notwendig aus Sicht derjenigen, die privilegiert leben können. Ich verstand, dass wirksame gesellschaftliche Veränderungen, die den Interessen der Unterprivilegierten entsprechen und denen der Privilegierten zuwiderlaufen, nur von unten kommen können; dass Vorsicht und gesundes Misstrauen geboten sind, wenn solche Veränderungen von oben propagiert werden. Privilegierte kennen ihre originären Interessen und Ziele und sind daher in der Lage, sie durchzusetzen, auch und gerade ohne diese öffentlich zu propagieren. Unterprivilegierte müssen ihre selbst erkannten originären Ziele hingegen offen verfolgen, um Gleichgesinnte zu finden und sie zu gewinnen, indem sie denen ihre Ziele und die Notwendigkeit zur Veränderung deutlich machen. Dazu will ich einen Beitrag leisten, und ein wirksames Mittel ist für mich das Schreiben.

Mit meiner Anstrengung, sich der auferlegten Fesselung zu entledigen, wuchs also auch der Wunsch und die Einsicht in die Notwendigkeit, mein Wissen und meine Erfahrungen in den Dienst jener zu stellen, denen Vergleichbares, zum „Schicksal" Erklärtes widerfährt. So ist letztlich auch meine Berufswahl (Sozialbereich) als Versuch zu sehen, durch Unterstützung für die richtige Seite Hilfe und Aufklärung zu leisten. Meine Schreibaktivitäten stelle ich konsequenterweise in den Dienst dieser Bestrebungen. Den gesellschaftlichen Mainstream zu durchbrechen, ist mein Ziel.

Was meine ich mit gesellschaftlichem Mainstream? Für mich ist er das Produkt faktischer Gleichschaltung der Medien mit dem Ergebnis der Ablenkung von den wichtigen gesellschaftlichen Fragen und der gleichzeitigen Verführung zur Oberflächlichkeit. Dies ist Ziel und Wirkung zugleich. Wir leben in einer Kultur, die Mittelmäßigkeit fördert. Unverfänglich mitschwimmen, nicht auffallen, keine Zivilcourage zeigen, keine grundlegende Kritik an gesellschaftlichen Verhältnissen äußern, kein Extremist sein (also sich nicht in „unanständiger" Weise von der unverdächtigen Mittelspur entfernen), das sind die unausgesprochenen Botschaften, die nicht vordergründig propagierten, aber im Hintergrund verfolgten Ziele der gelenkten Sozialisationsinstanzen. Mainstream umfasst alles, was das Fundament gegebener gesellschaftlichen Bedingungen weder unterhöhlt noch rissig werden lässt, er dient der Anpassung und erfasst alle Lebensbereiche.

Damit stellt sich die Frage, welche Funktion gesellschaftliche Anpassung hat. Die bewirkte Anpassung dient dazu, jene ruhigzustellen, die bei Erkennen ihrer wahren Lage anders handeln würden. Die sonst verstehen müssten, dass diese Lage nicht ihren ureigenen Interessen dient, sondern sich tatsächlich dagegen richtet. Ablenkung von den realen Verhältnissen einschließlich ihrer Verschleierung ist ein lange bewährtes Herrschafts-

137

instrument, beobachtbar durch die Geschichte seit der Verwendung der ersten Schriftzeichen. Jeder Machtmissbrauch, jeder Unterdrückungsakt, jede Vorbereitung eines Angriffskrieges war von jeher janusköpfig mit Desinformation der Beherrschten und somit von Ablenkung von den realen Bedingungen verbunden. Die Masse ist stets im Unklaren zu lassen über die wirklichen Motive und Ziele der Herrschenden. Wenn diese Motive und Ziele dennoch unübersehbar werden, ist Fatalismus ein zweites Netz, in dem sich die individuellen, legitimen Veränderungswünsche verfangen (Motto: „Man kann ja doch nichts ändern"). Entsolidarisierende Stimmungsmache und Aufeinanderhetzen von Gruppen sind probate Mittel zur Machtsicherung. Letztes Bollwerk der Mächtigen gegen Änderungsbestrebungen, wenn vorgeschaltete Methoden unwirksam werden, ist die pure Gewaltausübung.

Man darf ein solches Mitschwimmen im Mainstream bei Menschen, die diese Mechanismen und Strukturen nicht begriffen haben, nicht verurteilen – sie folgen einfach einem Trend, der kommerziellen Erfolg verspricht. Bei denen, die diese Mechanismen und Strukturen erkannt haben, muss man dies als Anbiederung, als Anpassung, ja als Prostitution verstehen. Im Mainstream geschriebene Texte bestimmen heute nach meiner Wahrnehmung den Hauptteil der Auslagen in den Buchhandlungen.

Was kann ich tun?

Welches Mittel ist dagegen wirksam? Nonkonformismus, Querdenken, rigoroses Infragestellen. Nur mit dem richtigen „Ins-Licht-setzen" der Dinge, in der Kombination weitflächiger Ausleuchtung per Flutlicht und punktartigem Anstrahlen durch Spot-Scheinwerfer, können politische Sachverhalte plastisch herausgearbeitet werden. Die Erziehung zum Eigensinn, d. h. zum Erkennen und Verfolgen der originären Interessen, der gemeinsamen Lage – ohne aber Egoismus zu schüren, der ja gerade ein wirksames Instrument der Mächtigen ist, das Prinzip „Teile und herrsche" für die eigenen Interessen zu nutzen. Und wenn das süße Gift des Mainstreams – ein leichtes Leben führen zu können, ohne die anstrengenden Versuche zur Gegenwehr und ohne sich über die Antagonismen der Gesellschaft „einen Kopp machen zu müssen" – ein Gegenmittel erfordert, dann ist das der stetige, unablässige Verweisen und Vorführen jener Widersprüche, die das System unablässig produziert.

Ich weiß, dass ich als Einzelner nicht fähig bin, über einen direkten Weg andere aus dieser schwierigen Lage zu führen. Allein kann man solche Bedingungen nicht ändern. Aber ich kann den Weg zur Selbsthilfe weisen, zumindest einige Hinweise geben, kleine Wegweiser setzen. Gemeinsam mit anderen Gegenwehr zu organisieren ist das einzige Mittel, einen Beitrag leisten zu können. Und das versuche ich in dem bescheidenen Rahmen, den ich ausfüllen kann. Ich sehe das Schreiben als Chance, dem Mainstream etwas entgegensetzen. Ich schreibe so, um Erkenntnis der Leser zu fördern und so letztlich die Hilfe für andere zu bewirken; um so Dinge zu ändern, die mich und andere an der Verfolgung legitimer eigener Interessen hindern. So gesehen handele ich nicht unbedingt philanthropisch, sondern auch eigennützig, weil ich über diesen Weg auch Schutz und Unterstützung durch andere zu erhalten hoffe. Ich helfe mir selbst, indem ich Anderen helfe. Und deshalb achtete ich stets darauf, mir in diesem Sinne treu zu bleiben, mich bewusst zu verhalten. Darum war es stets mein Bestreben, nicht „mit den Wölfen zu heulen".

Diese Erkenntnis, das Bewusstsein über meinen eigenen Emanzipationsprozess und der Wunsch, anderen das „Schicksal" meines ersten Lebensabschnitts zu ersparen und daraus resultierend das Streben nach gerechteren Bedingungen für alle spielen in meinem Denken eine wesentliche Rolle. Sie sind ein Bestandteil meines Denkens geworden, untrennbar verbunden mit meiner Art und Weise, die Welt zu begreifen. Das ist letztlich der Grund, weshalb solche Sichtweisen und Bewertungen ständig, bewusst oder unbewusst, in meinen Texten zum Ausbruch kommen.

Aus einigen neuen Erkenntnissen ergeben sich zahlreiche neue Fragen:

Wie kann nun die Frage beantwortet werden, ob bei der Ausformung von Gesellschaften übergeordnete Gesetzmäßigkeiten wirkten, ob also gesellschaftliche Gestaltung unabhängig vom Willen der Individuen abläuft oder ob im Gegensatz dazu ein gemeinsamer freier Wille zugrunde liegt?

Bei ursprünglich aus gleichberechtigten Individuen gebildeten Gesellschaften müsste über einen allmählichen Prozess sozialer Differenzierung eine in Privilegierte und Unterprivilegierte gespaltene Gesellschaft entstanden sein, um zu dem heutigen Ungleichheitszustand zu führen. Es ist nicht anzunehmen, dass Menschen freiwillig, ohne Repression, ihre Benachteiligung akzeptieren. Nur im anderen Fall, beim Wirken irgendeines einwirkenden Naturgesetzes, wäre die Gegenwehr Nichtprivilegierter unsinnig. Dafür sind jedoch keine Hinweise erkennbar – es sei denn, man folgt religiösen und damit machtmotivierten Geboten. Machtdurchsetzung und Machterhalt waren in allen Gesellschaften mit Religion und ihren abgeleiteten Deutungen janusköpfig verbunden. Werden also Gesellschaften auf der Summe des Willens aller ihrer Mitglieder gegründet, oder geschieht das mit Willen weniger und gegen den Willen Vieler? Wie könnte man Menschen dazu bringen, wirklich freiwillig gegen ihre originären Interessen zu handeln? Können wir bei solchem Leidensdruck den freien Willen aufbringen, aus eigener Kraft das Leiden abstellen zu wollen? Handelt man nach freiem Willen, wenn man trotz Erkenntnis über die eigene Lage gesellschaftlicher Erpressung nachgibt, nur weil man dem Druck nicht länger standhalten kann? Handelt jemand, der aus Opportunismus gegenüber Mächtigen, aus Profitgier oder aus sonstigen niederen Beweggründen andere unterdrückt, aus freiem Willen? Oder ist er lediglich Produkt seiner jeweiligen Gesellschaft und somit nicht verantwortlich? Besitzt er die Urteilsfähigkeit, seine Situation zu erkennen und sich auf dieser Basis anders zu entscheiden? Hätte er also die freie Entscheidung, sich menschlicher zu verhalten – um den Preis, sich damit selbst zum Verlierer zu machen?

Damit komme ich wieder zum Anfang meiner Betrachtung. Handele ich so, weil ich mich frei dazu entscheiden konnte, oder ist dies deterministisch zu erklären? Für die Bestätigung der zweiten Annahme wäre es erforderlich, dass sich Menschen in heutigen oder früheren Zeiten mit annähernd vergleichbarem Lebenslauf wie ich verhalten müssten, dass sie von den Bedingungen sozusagen in eine Bahn gezwungen würden, von der abzuweichen ihnen nicht möglich wäre. Dann würden wir registrieren müssen, dass alle, die von den gesellschaftlichen Bedingungen zu Menschen zweiter Klasse degradiert wurden, dagegen eine auflehnende Haltung entwickelten und sich empörten. Das müsste doch zumindest für diejenigen gelten, die ihre Lage erkennen können, und es ist anzunehmen, dass es von denen einen nennenswerten Anteil in jeder Gesellschaft gibt. Dann wäre die Geschichte entweder eine endlose Kette von Revolutionen – oder aber die wären gar nicht notwendig, weil es genügend Menschen gäbe, die sich nicht unterdrücken ließen. Dies ist aber nicht der Fall, wie die Geschichte zeigt. Unterdrückung anderer zum eigenen Vorteil ist nur möglich, weil sie in beide Richtungen wirkt. Jeder Unterdrücker braucht einen Widerpart, der sich unterdrücken lässt, und die Welt ist voll von Gesellschaften, die auf Unterdrückungsmechanismen basieren. Eigenschaften wie Ignoranz, Resignation, Bequemlichkeit, Opportunismus und Angst sind auch unter denen weit verbreitet, die prinzipiell solchen Unterdrückungssystemen Paroli bieten könnten. Solche Menschen zu erreichen und sie zu einer anderen Haltung zu bewegen, ist möglich. Einen Determinismus in dieser Hinsicht gibt es also nicht.

Verbleibt die erste Möglichkeit: dass es nämlich die Freiheit gibt zu entscheiden, wie man sich zu den gesellschaftlichen Verhältnissen stellt. Unter der Prämisse, die eigene Unterdrückungslage erkannt zu haben, besteht prinzipiell diese Freiheit: ob ich mich nämlich aus den genannten Gründen mit den Verhältnissen arrangiere oder ob ich mich entscheide, dagegen zu arbeiten. Dass der erste Weg der vordergründig bequemere ist, wurde bereits erläutert. Ich habe mir die Freiheit gestattet, mich bewusst für den unbequemeren Weg zu entscheiden, nachdem ich meine Lage begriffen hatte. Ich bin somit ein politischer Mensch.

Es ist also eine bewusste Haltung, die vor dem Hintergrund meines bisherigen Lebens beim Verfassen von Texten immer wieder zum Ausdruck kommt. Sie ist das Resultat der Erkenntnisse, dass mein Leben anders und ahnungsloser hätte verlaufen können; dass ich anfangs gehindert wurde, mein Potenzial zu nutzen; dass dies unakzeptablen gesellschaftlichen Bedingungen geschuldet ist; dass dies ein Massenschicksal ist; dass so etwas nur so lange möglich ist, wie Benachteiligte am Erkennen ihre Interessenlage und an deren Durchsetzung gehindert werden; dass meine Erfahrungen nützlich sein können, anderen zu dieser Erkenntnis zu verhelfen. Und daraus resultiert meine entschiedene Haltung, über das Schreiben einen Beitrag zur Verbesserung dieser Welt beizusteuern, sei er auch noch so bescheiden. Ich will und ich kann nicht anders; denn ich weiß, dass meine Lebenszeit nicht ausreicht, um mich neben den für mich wichtigen Dingen auch noch weniger wichtigen widmen zu können.

Schon deshalb schreibe ich keine unpolitischen Texte.

Wer fragt, der führt (alte Betriebspsychologenweisheit)

Nach all den Jahren hatte eigentlich niemand im Land noch ernsthaft daran geglaubt, dass sich diese deprimierenden Verhältnisse, in denen mittlerweile neunzig Prozent der Menschen leben mussten, noch jemals grundlegend ändern würden. Der langsame, stetige, unaufhaltsame Abstieg bei allen Teilen der Bevölkerung vollzog sich seit nunmehr einem halben Jahrhundert. So, wie von einer Salami allmählich Scheibe um Scheibe abgeschnitten wird, so wurde Jahr für Jahr ihre Lebensperspektive ein wenig mehr beschnitten. Zwar merkbar und stets ein wenig schmerzhaft, aber niemals so drastisch, dass die Menschen aufheulten oder sich gar zur Wehr setzten. Nachkommende Generationen wuchsen in eine Welt hinein, die sie nie anders hatten kennenlernen dürfen, und das Leben darin war für sie Normalität.

Die Herrschenden sprachen stets davon, noch für eine überschaubar kurze Zeit müssten alle „den Gürtel etwas enger schnallen", und zugleich stellten sie eine glänzende Zukunft für alle in Aussicht, die der aktuellen Periode der Austerität folgen würde. Sämtliche gleichgeschalteten Medien verbreiteten diese Botschaft mit einem unaufhörlichen Propaganda-Trommelfeuer. Fast alle Adressaten dieser Verkündigungen, die noch bessere Zeiten kennengelernt hatten, waren indes viel zu abgestumpft und mit der unaufhörlichen Beschaffung notwendiger Lebensmittel für den nächsten Tag beschäftigt, um sich noch darüber aufregen zu können. Und nur wenige Hochbetagte, denen die Jüngeren beim Überleben halfen, sprachen davon, dass früher einmal alles besser gewesen sei. Man habe wirklich leben können. Die Jüngeren hielten sie für lästige Spinner, die bald schon von selbst mit diesem Unfug aufhören würden – schon wegen des natürlichen

Abgangs. Kurz, es gehörte einfach zu dieser Welt, sich wie ein Hamster im Rad zu bewegen und sich von außen auch noch von Lautsprecherparolen anfeuern zu lassen. Alle glaubten, es werde ewig so weitergehen – oder jedenfalls so lange, wie sie imstande seien, ihr eigenes Hamsterrad in Schwung zu halten.

Irgendwann wurde im Slum einer Großstadt ein Kind geboren, das aus der Art schlagen sollte. Zwar war es äußerlich unauffällig – von mittelgroßem Wuchs, mittelblond und mit einer gewöhnlichen Stupsnase. Und dennoch fiel es durch eine Besonderheit auf. Schon als es plappern konnte, stellte es Fragen, immerzu, hartnäckig nachbohrend und zu allen denkbaren Gelegenheiten. Seine Lieblingsfrage lautete: „Warum ist das so?" Als es diese Frage stellte, war es knapp drei Jahre alt. Nun, alle Kinder in diesem Alter nerven mit solchen Fragen. In dieser Hinsicht war das Kind unauffällig. Seine Besonderheit zeigte sich später. Wo andere Kinder sich nach hinreichend vielen Ermahnungen der Eltern, nach diesem oft genug gehörtem „hör endlich auf zu nerven" frustriert zurückgezogen hatten, da hörte dieses Kind eben nicht auf. Es ließ sich nicht frustrieren und fragte einfach hartnäckig weiter. Es hatte die besondere Gabe, immer weiter zu fragen, stets nachzuhaken, niemals aufzugeben, mit der Antwort niemals zufrieden zu sein. Als es in die Pubertät kam, hatte sich dieses Kind in seinem Slum endgültig eine zweifelhaften Ruf als nervender, niemals aufgebender Fragesteller erworben.

Einige Altersgenossen begannen, ihm nachzueifern, als sie merkten, dass sie ihre eigenen Eltern damit ärgern und in Verlegenheit bringen konnten. Und das begann auszuufern. Es wurde bald zu einer regelrechten Modewelle, unbequeme Fragen zu stellen. Und irgendwann begann man, sich die Antworten selbst zurechtzulegen, wenn sie von den Erwachsenen ausblieben, und man lieferte sie gleich mit. Allmählich sollte daraus eine Jugendrevolte entstehen, und alle obrigkeitshörigen Erwachsenen sahen sich der wachsenden Kritik der jungen Generation ausgesetzt.

Wer hartnäckig fragt, nach Wahrheiten sucht und seinen Kopf zum Denken nutzt, stößt irgendwann zwangsläufig auf die richtigen Antworten. Diese Generation stellte die entscheidenden Fragen. Die Herrschenden merkten erst viel zu spät, was da auf sie zurollte, und dass dadurch ihre schrankenlose Herrschaft ernsthaft infrage gestellt wurde. Deshalb ergriffen sie Gegenmaßnahmen. Kurzerhand wurde die fragende Jugend für gesellschaftsgefährdend erklärt, und man versuchte nach dem Prinzip „Teile und Herrsche", alle bisher so folgsamen Erwachsenen gegen sie aufzuhetzen.

Und dies war der Punkt, an dem die Herrschenden den Bogen endgültig überspannten. Nun solidarisierten sich Eltern mit ihren Kindern, Alte mit Jungen, und man begann allgemein zu verstehen, dass alle Unterdrückten im selben Boot saßen. Plötzlich besaßen die meisten Leute das, was in Zeiten der Unterdrückung so oft abhanden kommt – ein klares Feindbild. Aus irgendeinem geringfügigen Anlass schlug dann alles um, von einem Tag auf den anderen. Das Regime wurde hinweggefegt.

So etwas wie in diesem Beispiel hat sich in der Geschichte der Menschheit bereits zigtausend mal abgespielt, manchmal im kleinen, manchmal im großen Rahmen. Und auch künftig wird es der einzige Weg sein, sich der Unterdrücker zu entledigen. Die Wahrheit hinter vorgegaukelten Verhältnissen zu erkennen und darüber aufzuklären, Herrschende mit Fragen in Verlegenheit zu bringen – das ist das ganze Geheimnis.

Ein weiser Mensch hat es einmal so formuliert: „Wer seine Lage erkannt hat – wie soll der aufzuhalten sein?"

Das lässt tief blicken

Es ist ein Phänomen dieses Jahrzehnts. Konnte man vorher nur in Sonderfällen Menschen beobachten, die ständig nach unten blickend durch die Gegend schlenderten oder auf einem Fleck standen, hat sich das nun grundlegend geändert.

Meist sind es jüngere Leute, oft auch nur solche, die an ihrer allmählich schwindenden Jugendlichkeit krampfhaft festhalten müssen – aber alle haben etwas gemeinsam: Entweder halten sie ihre Mäusekinos vor die Augen und tippen wütend darauf ein, oder aber sie halten es ans Ohr, während all ihre Sinne außer dem Hörsinn abgeschaltet sind.

Ja, das Smartphone hat die Welt verändert. Wir leben in einer Zeit, die Kommunikation zum Lebensinhalt erhoben hat. Nur ist das eben keine direkte Kommunikation, eine von Mensch zu Mensch, sondern eine über angeblich „intelligente" Maschinen als Übermittlungsagenturen.

Wir alle können uns an Zeiten erinnern, in denen wir solche Menschen, die ständig vor sich hin redeten, ohne ein physisches Gegenüber zu haben, vorsichtig gesagt für wunderlich hielten. Selbstgespräche in der Öffentlichkeit waren den Ausgetickten vorbehalten. Heute ist es normal, dass Menschen mit gesenktem Blick an uns vorbeigehen und Volksreden halten. Es stört sie nicht, dass alle anderen ihre Ergüsse ungefragt mithören müssen, und auch ihre eigene Intimsphäre halten sie nicht für schützenswert. Im Gegenteil: Sie plappern bedenkenlos über alles, was man früher vor anderen zu verbergen versuchte.

Frühere Generationen, die ihre jeweils eigene Welt zu erobern und zu verteidigen hatten, übten den offenen, selbstbewussten, geradeaus gerichteten Blick ein, um nicht als unterwürfig eingeordnet zu werden. Heute blickt man nach unten, um einen Rest an Orientierungsfähigkeit sicherzustellen, während man mit seinem Autisten-Equipment mit jener Restwelt Kontakt hält, die einem durch die Selbstreduktion auf den Status eines Maschinenbedieners noch geblieben ist.

Und weil durch dieses Verhalten nicht nur die Selbstgefährdungen der eigenen Persönlichkeit wachsen, sondern auch die Unfallzahlen im Straßenverkehr, kamen findige Verkehrsexperten jüngst auf die Idee, vor Fußgängerampeln Signalgeber in das Straßenpflaster einzubauen. Damit sollen Smartphone-Nutzer vor sich selbst geschützt werden. Wenn so etwas Schule macht, werden Straßen und Gebäude bald flächendeckend mit Sauerstoffspendern ausgerüstet sein, weil wir ja schließlich das Atmen vergessen könnten. Wie bei anderen wichtigen gesellschaftlichen Fragen wird auch hier nicht die eigentliche Ursache bekämpft, sondern man geht Probleme auf der Erscheinungsebene an. Es sind Schönheitspflästerchen auf schwärende Wunden.

Aber möglicherweise sind solche Effekte ja auch gewollt. Alle bisherigen Gesellschaften, von der Antike an bis heute, versuchten mehr oder minder erfolgreich, ihrem jeweiligen Nachwuchs das abzutrainieren, was als jugendtypisch gilt: die Aufmüpfigkeit, den Hang zur Rebellion, die Missachtung und Geringschätzung tradierter Werte. Doch plötzlich haben wir eine Jugend, die uns nicht rebellisch und fordernd ansieht, sondern scheu den Blick senkt und sich mit einem Spielzeug beschäftigt, das sie auf wunderbare Weise von unseren eigenen Fehlern ablenkt. Und das alles mit einem kleinen, unscheinbaren Gerät, das ihr vorgaukelt, sie sei damit aktiv an der Gestaltung ihres Schicksals beteiligt und nicht etwa ein Objekt stetiger Kontrolle und Manipulation. Schöne neue Welt.

Doch auch hier gibt es wie so oft eine Ausnahme, die hoffen lässt. Ich meine jenen wunderbaren Werbespot, in dem ein scheues Mädchen selbstbewusst den Kopf hebt, in die Kamera blickt und uns freudig gesteht: „Ich parshippe jetzt!"

Das 8. Gebot – und wie Gläubige im Bedarfsfall damit umgehen

<u>Prolog</u>

Sind wir zu Beginn unseres Lebens nicht alle ein unbeschriebenes Blatt? Niemand wird als schlechter Mensch geboren, und niemand erzieht sich selbst dazu. Wird man so, weil man nicht die Chance bekam, den aufrechten Gang zu erlernen? Hat man auch im Mathematikunterricht nicht aufgepasst, als einem erklärt wurde, dass die kürzeste Verbindung zwischen zwei Punkten die Gerade ist – und eben nicht die krumme Tour? Geht man so durchs Leben, weil die gerade herrschenden gesellschaftlichen Bedingungen es begünstigen? Sind wir nicht alle Kinder unserer Zeit, Produkt der jeweiligen Verhältnisse?

Ich will niemanden anklagen. Darstellen will ich aber bedauerliche Handlungen, die von jenen Verhältnissen hervorgebracht werden, in die Menschen hineingeboren und hineinerzogen werden. Ihr Opportunismus entwickelt sich auf dem Humus der eigenen Schwäche, sich nicht gegen herrschende Zwänge stellen zu können. Solche Zwänge verführen dazu, der Boshaftigkeit freien Lauf zu lassen. Auch Gläubige sind davor nicht gefeit, sind nicht leichter von falschem Tun abzuhalten. Zwar haben sie einen inneren Kompass, nach dem sie ihr Handeln ausrichten, aber von außen eingehende Signale können zu Kursabweichungen führen. Wer glaubt, auf dem rechten Weg zu sein, anstatt es zu wissen, ist durch äußere Einflüsse manipulierbar.

Gläubige sind arrogant, wenn sie offen andere bedauern, die nicht glauben. Damit wollen sie auf eine moralische Überlegenheit hinweisen, die sie für sich beanspruchen. Auf die Idee, dass denen eventuell nicht etwas fehlt, sondern sie eher etwas gewonnen haben, kommen Gläubige nicht. Etwa die Erkenntnis, dass es einen solchen Gott, wie er uns von Geschichtenerfindern unterschiedlicher Religionen seit Jahrtausenden vorgegaukelt wird, nicht geben kann; dass ein für uns Menschen viel zu mächtiges Weltall existiert, als dass wir in unseren kindlichen Gemütern die wahren Dimensionen wirklich begreifen könnten, was als Schöpfungskraft dahinter steckt; dass wir deshalb niemals in der Lage sein werden, diese universale Wahrheit zu erkennen; dass man sich deshalb einen alleinigen, allmächtigen Gott vorstellt, so wie kleine Kinder etwas erfinden, um sich in der Welt zurechtzufinden. Das alles ist zutiefst menschlich, um diese Welt ein wenig berechenbarer und beherrschbarer zu machen.

Aber dies ist nur eine der Funktionen, die Religionen haben. Durch Sozialisation aufgezwungener Glaube und Macht sind zwei Seiten einer Medaille. Macht erringen, Macht ausüben und Macht erhalten waren von jeher damit verknüpft – und damit auch den Missbrauch der Macht, wenn es darum ging, Menschen von ihren ureigenen Interessen fernzuhalten und sie zu veranlassen, fremde Interessen zu verfolgen. Welcher Glaube in der Menschheitsgeschichte diente nicht auch diesem Ziel? Dieser Wirkmechanismus ist leicht durchschaubar. Pflanze den Menschen ein entsprechendes Kontrollgewissen ein, das ihre Seele beherrscht und mit Androhung schwerer Sanktionen unterfüttert ist – bei Christen etwa ist dies durch die Vorstellung von Hölle und unmenschlichen Qualen hinreichend gelungen – schon kontrollieren und regulieren sie sich in der von Mächtigen in der gewünschten Weise, sozusagen als Sicherung dagegen, dass man nicht vom Glauben abfällt. Es ist ein sich selbst regulierendes System, das zumindest so lange funktioniert, wie man die Menschen unwissend und dumm halten oder ihnen Angst einjagen kann. Dumm ist nicht in dem Sinne gemeint, dass jemand wenig von der Welt weiß; schließlich gibt es auch hoch gebildete Personen, die religiös sind und uns die Welt überzeugend erklären können – die Religion ausgenommen. Sie haben lediglich in diesem Bereich ihres sonst logisch arbeitenden Denkapparats einen blinden Fleck: Sie glauben.

Ein solches System der Herrschaft und Herrschaftserhaltung ist nicht auf die verbreiteten Religionen und Sekten beschränkt. Immer wieder erleben wir, dass vordergründig politische, sich religionsunabhängig gebende Herrschaftssysteme sich diesen Machtmechanismus aneignen, in ihrem Sinne nutzen. Ihre politischen Botschaften werden dementsprechend in solche mit quasi-religiösen Inhalten umgedeutet und vertreten. Wo vorher gesichertes Wissen war, tritt Glaube an dessen Stelle. Allein das 20. Jahrhundert ist davon gekennzeichnet, dass man sich mehrfach dieser Möglichkeit bediente – Faschismus und Pseudosozialismus sind hierfür nur zwei Beispiele. In der Moderne hat sich zudem ein anderer Glaube breitgemacht – der Glaube an die Allmacht der Technik, der einerseits herkömmlichen Glauben negiert, aber seine Mechanismen auf andere Weise nutzt, um Menschen abhängig zu halten.

All diese Systeme haben etwas gemeinsam. Bei aller Unterschiedlichkeit bringen sie statt emanzipierter Menschen, die auf Augenhöhe miteinander umgehen können, einen besonderen Typus hervor: den des Denunzianten. Der braucht zum eigenen Überleben die Niederlage seines Nächsten. Sich auf Kosten anderer durchzuschlagen, sie notfalls aus der Anonymität heraus den

Mächtigen auszuliefern, seine Schäfchen so ins Trockene zu bringen, war von jeher beliebt bei jenen, die den aufrechten Gang nicht erlernten. So stellen sie sich in den Dienst derer, die nach dem Prinzip Teile und herrsche davon profitieren. Von solchen Typen will ich erzählen.

I.

Achtlos warf Kastner sein Messer auf den Schneidetisch. Wenn er auch sonst sehr sorgfältig mit seinem Werkzeug umging, dass er für sein Handwerk brauchte, hatte er doch soeben eine der wichtigen Regeln vergessen, auf deren Beachtung er sonst bei Gesellen und Lehrlingen pochte.

Seine Hände begannen zu zittern, sie waren nicht unter Kontrolle zu bringen. Diese selbstsichere Frau, die vor ihm in seiner Werkstatt stand, ließ zugleich Zorn und Hilflosigkeit in ihm aufsteigen. Erhobenen Hauptes stand sie da, mit ihrer gestärkten weißen Haube, die ihre roten, gelockten Haare nicht zu bändigen vermochte, und ihrer keck vorgereckten Kinnlade. Dass sie aus dem Mund arg nach Zwiebeln roch, mochte ihren Ausdruck der Überlegenheit nur wenig zu trüben. Ihre grünen Augen starrten ihn herausfordernd an.

„Zwei Dukaten ist er uns schuldig. mein Mann will seinem Geld nicht länger hinterherlaufen", rief sie mit lauter, klirrender Stimme. „Vor Ostern wurde prompt geliefert, und nun geht es auf Allerheiligen zu. Lässt er sich das auch gefallen, wenn die Leute seine Riemen nicht bezahlen?"

„Die Geschäfte gehen schlecht. Es sind harte Zeiten. Die Leute kaufen nichts, weil sie nichts brauchen, oder sie haben kein Geld. Seit Monaten hatte ich keinen größeren Auftrag, und von der

Flickerei kann ich auch nicht leben. Ich will ja zahlen, aber nicht heute. Sie muss eben noch warten."

„Warten worauf? Auf den Sankt Nimmerleinstag? Mein Mann kann nicht umsonst arbeiten. Viele Mäuler sind zu stopfen. Wir brauchen das Geld." Ihre Stimme wurde lauter, der Tonfall fordernder, und der Zwiebeldunst aus ihrem Maul wurde ihm unerträglich.

Dennoch wich der in Kastner aufgestiegene Zorn allmählich. Er verstand sie ja, wusste nur zu gut, was es hieß, sein Geld auf diese Weise eintreiben zu müssen. Er selbst war inzwischen geübt darin. Also versuchte er es mit einer üblichen Methode, mit der man Gläubiger abwimmeln konnte: „Von den gelieferten Eisenbeschlägen ist ein Teil nicht gerade gut gelungen. Es war schwierig, sie überhaupt zu verwenden. Soll ihr Mann doch zur Gilde gehen und meinen Ruf schädigen, wenn er nicht anders kann. Ich jedenfalls habe ich jetzt kein Geld."

„Wir werden nicht nur zur Gilde gehen. Wir gehen auch zum Richter. Mein Mann arbeitet nicht umsonst, für niemanden." Ohne ein weiteres Wort legte die Frau des Kleinschmieds Windisch keck den Kopf in den Nacken und verließ finster blickend die Werkstatt des Riemenschneidermeisters Kastner. Nur der zurückgebliebene Zwiebelgeruch wollte sich nicht verflüchtigen. Dem Kastner schlug das alles aufs Gemüt und auf den Magen.

Beim Abendessen, das er nicht anrühren mochte, erzählte er seiner Frau, was ihm so zu schaffen machte. Wie bei jedem Ärger, der ins Haus stand, hörte sie auch diesmal aufmerksam zu. Sie wusste, dass er sich so entlasten musste und dass er erwartete, von ihr durch Rat und Tat unterstützt zu werden. Hildegard Kastner war eine gute, fürsorgliche und mitfühlende Ehefrau – was nicht jeder Bürger dieser Stadt guten Gewissens von seiner Angetrauten behaupten konnte. Er glaubte, eine kluge Frau zu haben, obwohl manche Nachbarn sie nur für bauernschlau hielten. Und wie stets bei solchen Schwierigkeiten, die das Überleben ihrer Familie einschließlich ihrer vier Töchter bedrohten, begann sie umgehend, einen wirkungsvollen Plan zu schmieden. Dabei war sie noch nie zimperlich gewesen. Sie wusste, was nun half und was zu tun war. Gleich morgen früh in der Kirche würde sie das Notwendige veranlassen.

Wie jeden Morgen nach der Messe strömten die Bürger aus der Kirche, um sich ihrem Tagwerk zu widmen. Die Kastner wartete in der Kühle des Gotteshauses geduldig, bis der Priester nach der Abnahme einer Beichte aus dem Beichtstuhl gestiegen war. Wie zufällig näherte sie sich ihm und redete flüsternd, mit gesenktem Blick, auf ihn ein. In den Augen des Priesters war zu ihrer Erleichterung Interesse zu lesen. Mit dem rechten Zeigefinger lockte er sie in eine Betnische, wo die Kastner ihm mehr über das berichten sollte, was sie wusste. Der Priester nickte zufrieden, gab der Frau seinen Segen und wies sie an, alles andere nun ihm zu überlassen. Die Kastner schien sehr erleichtert darüber, dass ihr Plan so leicht aufgehen sollte, knickste artig, gekreuzigte sich und verließ erleichtert die kühle Kirche.

Die Frau des Kleinschmieds Windisch war gerade vom Markt zurückgekehrt und nun dabei, ihren Korb mit den Zutaten für das Essen zu leeren, als ein energisches Pochen sie darin unterbrach.

„Anna Windisch! Komm heraus und stell dich den Dienern der Kirche Gottes.“

Als sie mit zitternden Händen die Tür öffnete, stürzten zwei mit Hellebarden bewaffnete Stadtknechte herein, ergriffen die Frau und fesselten ihr schnell die Hände hinter dem Rücken. Ein Priester folgte ihnen und hielt ihr nun ein Kruzifix gleich einer Waffe direkt vor ihr Gesicht.

„Was wollt ihr", schrie Anna Windisch verzweifelt und versuchte vergeblich, sich zu befreien. Was soll ich getan haben?"

„Du bist vom Teufel besessen. Wir werden es dir nachweisen, und dann soll deine arme Seele befreit werden. Das Feuer wird dich rein machen."

Windisch, der die Schreie in seiner Werkstatt gehört hatte – selbst das laute Fauchen seines Blasebalg war davon übertönt worden – kam völlig außer Atem angelaufen, als seine sich gerade verzweifelt wehrende Frau aus dem Haus getrieben wurde. Mit offenem Mund, zu keinem Worte fähig, musste er hilflos zusehen, wie man sie in Richtung Kerker stieß. Was er soeben erlebt hatte, war eindeutig, und er ahnte, was nun folgen würde. Windisch stieß einen Schrei der Verzweiflung aus, er zitterte am ganzen Leib. Sein ebenfalls herbeigelaufener Geselle musste den Meister als einen gebrochenen Mann ins Haus zurückbringen, wissend, dass jeder Versuch, den Meister zu beruhigen, vergeblich sein würde.

Der Kerkermeister war seit dreißig Jahren im Beruf und verstand sein Handwerk, Anna Windisch widerstand nur kurze Zeit seinen Bemühungen zur Wahrheitsfindung. Bald hatte er die Gegenwehr dieser vorher so stolzen Frau gebrochen. Schon nach dem Zeigen der Folterinstrumente und zweimaligem Sengen der Fußsohlen mit dem glühenden Eisen gestand sie, sich mit dem Teufel eingelassen zu haben.

Bereits einen Tag später traf die Aufforderung des Bischofs ein, einen Hexenprozess durchzuführen. Der örtliche Richter, der zugleich als Ankläger auftrat, waltete seiner Ämter. Nach einem kurzen Prozess wurde Anna Windisch auf Grundlage ihres Geständnisses als überführte Hexe verurteilt, dem reinigenden Feuer überlassen zu werden. Ein Scheiterhaufen war schnell errichtet, und das Volk hatte endlich wieder eine Abwechslung im sonst so tristen Alltag, als das Reisigbündel entzündet wurde. Die Frau ging einem Tod unter schrecklichen Qualen entgegen. Ein erlösendes Erdrosseln, ein um den Hals gehängtes Säckchen mit Schwarzpulver oder einen gnadenvollen Dolchstoß ins Herz gestand man ihr nicht zu – trotz des Geständnisses; das dafür nötige Geld hatte ihr Ehemann nicht aufbringen können. Ihr rotes Haar schüttelte sie noch eine Weile hin und her, bis es von den Flammen abgesengt wurde. Ihre Schmerzensschreie verstummten irgendwann, nachdem auch ihr Fleisch längst brannte. Nach einer Stunde blieb nichts außer Asche, einem beißenden Geruch verbrannten Fleisches und einer Meute sensationslüsterner Gaffer, für die das Ereignis viel zu schnell vorübergegangen war. Auch die Denunziantin Hildegard Kastner war unter jenen, die das Ereignis bejubelten. Ihr Mann indes war dem Spektakel ferngeblieben – auch und gerade weil er ahnte, wer es ursächlich zu verantworten hatte.

Den verwitweten Kleinschmied Windisch ließ man zufrieden – man hielt ihn für das unschuldige Opfer seiner verdorbenen Frau und des Teufels. Bald nach diesem Ereignis packte er seine Sachen und zog fort, ohne auch nur noch einen Versuch unternommen zu haben, sich die Schuld des Kastners und anderer Schuldner begleichen zu lassen. Die Sorgen, mit denen er sich künftig auseinanderzusetzen hatte, überstrahlten solche Nebensächlichkeiten.

II.

Otto Rühmke war stolz auf seine Lebensleistung. Seine Fleischerei hatte im in der Stadt den besten Ruf und den größten Kundenkreis. Auch Kunden aus anderen Vierteln suchten sein Geschäft auf, und bald kam er denen räumlich entgegen, indem er neben seinem Hauptgeschäft noch zwei Filialen in anderen Statteilen eröffnete. Auch die liefen prächtig. Mitte der 1930er Jahre war die Massenarbeitslosigkeit weitgehend abgebaut. Das NS-Regime hatte Programme auf Pump aufgelegt, mit denen neben dem Ausbau der Infrastruktur, die den Expansionsbestrebungen dienen sollte, vor allem die Rüstungsbemühungen forciert worden waren. Und wer wieder Arbeit hatte, wollte endlich wieder ordentlich essen. Viele Familien begannen, sich wieder besser zu ernähren.

Die prosperierenden Geschäfte des Fleischermeisters Rühmke, der obendrein noch Obermeister der örtlichen Fleischerinnung war, rief die üblichen Neider auf den Plan. Einer von denen war Hermann Nolting, ebenfalls Fleischermeister. Er unterhielt einen kleinen Laden, in dem der mittelmäßige Ware anbot. Noltings Würste waren eher etwas für Leute, die entweder unsensible Geschmacksnerven hatten oder aber auf jede ihrer Wurststullen ein Esslöffel Senf strichen. Die anderen wähnten sich über Rühmkes Fleischerei besser versorgt.

Nolting war ein fleißiger Kirchgänger. Das hatte ihn nicht davon abgehalten, bereits 1929 in die SA und kurz darauf in die NSDAP einzutreten. Damit verbunden war für ihn der Vorteil, die zahlreichen Kameradschaftsabende beliefern zu dürfen. Trotz dieses Zusatzgeschäfts, mit dem er sich über Wasser hielt, wuchs Noltings Neid auf seinen Konkurrenten Rühmke. Auch wenn er sich für einen frommen Christen hielt, war Nolting ein glühender Verfechter der Naziideologie und davon überzeugt, dass sich sein fester Glaube an die Partei und an den Führer irgendwann auszahlen würde. Bisher hatte er noch stets an der Seite der Stärkeren gestanden, und so auch jetzt bei jenen, die fest an ein Deutschland glaubten, dass sich bald aus dem Staub erheben und über andere Völker stellen würde.

Mitte 1934, kurz vor dem Röhm-Putsch, hatte er es mit seinen besonderen Beziehungen geschafft, in der Fleischerinnung endlich die erste Geige spielen zu dürfen. Man bestimmte ihn zum Obermeister. Rühmke wurde einfach aus diesem Amt gedrängt, und von nun an wurde gegen ihn gestänkert und Stimmung gemacht, was das Zeug hielt. Dennoch – seine Fleisch- und Wurstwaren blieben für die Kunden unübertroffen, und deshalb kauften sie weiterhin bei ihm. Selbst Noltings Parteigenossen kauften lieber bei seinem schärfsten Konkurrenten.

Dann, eines Tages, tauchte Nolting unangemeldet in Rühmkes Wurstküche auf, steuerte auf den Meister in der roten Gummischürze zu und sprach ihn an, ohne sich unnötig mit den Präliminarien aufzuhalten: „Otto, deine Zeit ist vorbei. Ich will deine Läden übernehmen, deine Gesellen, deine Rezepte. Die Finanzierung klappt, ich kriege jeden Kredit, den ich brauche. Wie hoch ist dein Preis?"

Rühmke brauchte einige Zeit, bis er begriffen hatte, was dieser *Kollege* vor ihm eigentlich wollte, und weitere Zeit, um sich im

Kopf die Antwort zurechtzulegen. Doch dann kam seine Antwort eher aus dem Bauch heraus: „Hermann, du bist ein mieser Fleischer, ein Trottel und obendrein Parteigenosse. Deine Stänkereien und deine Beziehungen mögen ja dazu gereicht haben, mich als Obermeister abzusetzen. Aber für die Führung meines Betriebs brauchst du mehr als nur Geld und die Partei im Rücken. Mein Lebenswerk willst du dir unter den Nagel reißen, du Wicht? Raus aus meiner Wurstküche!" Zum Ende seiner Rede – den letzten Satz hatte er nur schreiend herausbringen können – ergriff er ein auf dem Hackklotz liegendes Beil und fuchtelte damit dem Nolting vorm Gesicht herum.

„Das hättest du nicht sagen sollen, Otto. Das wirst du noch bereuen." Mit puterrotem Kopf verließ Nolting die Wurstküche, nur mühsam seine Wutränen unterdrückend.

Rühmke lies das Beil sinken, seufzte und widmete sich wieder seiner Wurst. Dumpfe Ahnungen stiegen in ihm auf.

Am übernächsten Tag, wie gewöhnlich vor Sonnenaufgang, klingelten die Gestapoleute den Fleischermeister Rühmke aus dem Bett. Sie ließen ihm nur die Zeit, hastig in seine Kleidung zu steigen, dann verfrachteten sie ihn in ein schwarzes Auto und fuhren mit ihm davon. Auf der Polizeidienststelle warf man ihn zunächst in eine Arrestzelle, in der er bis zum Abend ausharren musste. Dann brachte man ihm Wasser und Brot, ohne ihm zu erlauben, seinen Kübel zu leeren. Erst am darauf folgenden Tag, gegen Mittag, wurde er zur Vernehmung geführt. Da saß er nun einem schneidigen Gestapomann gegenüber, der ihn ab und zu gelangweilt anblickte und zwischendurch in einer Akte blätterte, die Rühmkes Namen trug und zu dessen Überraschung dicker war als vermutet.

„Ich habe hier die Aussage mehrerer glaubwürdiger Zeugen, die ausgesagt haben, dass Sie sich einiger Verbrechen gegen die deutsche Volksgemeinschaft schuldig gemacht haben. Demnach führten Sie mehrfach defätistische Reden, rissen Witze über den Führer und über die weitere Staats- und Parteiführung. Außerdem stellten sie sich öffentlich gegen die Nürnberger Gesetzgebung. Und obendrein sind Sie so dreist, ihre Stellung als Lebensmittelversorger des Volkes zu missbrauchen, indem sie ihre Wurst mit unsachgerechten Zusätzen strecken. Mann, Sie sind ja ein Volksschädling!“ Die letzten Worte schrie er Rühmke ins Gesicht.

Rühmke schwieg. Zwar schüttelte er ungläubig den Kopf, aber er schwieg. Seine Fähigkeit zur Erwiderung war bei ihm ebenso gelähmt wie die zur Gegenwehr. Zwar ahnte er, wem er das hier alles zu verdanken hatte, aber es würde nichts helfen, diesen Übeltäter offen zu benennen.

„Na, gar nichts zu den Vorwürfen zu sagen, das spricht ja auch für sich.“ Der Gestapomann klingelte nach einem Beamten, der Rühmke zurück in die Zelle brachte.

Otto Rühmke wurde nach dreiwöchiger Untersuchungshaft vom Amtsgericht wegen Verstoßes gegen das *Gesetz zur Abwehr heimtückischer Angriffe auf Staat und Partei* zu zwei Jahren Gefängnis verurteilt. Nach Verbüßung dieser Strafe wurde er jedoch nicht entlassen, sondern von der Gestapo in das KZ Börgermoor überführt. Dort starb er im Dezember 1944, nach mehr als sechs Jahren geleisteter Zwangsarbeit, an Entkräftung und Unterkühlung. Seinen Angehörigen wurde lapidar ein Totenschein übermittelt, als

Todesursache war *Lungenentzündung* angegeben. Im selben Brief steckte noch eine Beerdigungsrechnung über 325,45 RM, die zu begleichen war.

Hermann Nolting übernahm die Fleischerei des Otto Rühmke drei Tage nach dessen Verurteilung. Rühmkes Ehefrau wurde zu einem schnellen Verkauf gedrängt, und sie unterschrieb. Als Kaufpreis war im Vertragsentwurf eine lächerlich geringe Summe eingesetzt, die Nolting ohne Kreditaufnahme aufbrachte. Sämtliches Personal sowie die bisher verwendeten Rezepturen wurden übernommen, so dass außer dem Namenswechsel für die Kundschaft alles unverändert blieb. Über die Hintergründe des Ereignisses wurde zwar spekuliert, aber niemand wollte sich tatsächlich das Maul verbrennen. Das Unternehmen konnte auch in Zeiten der Nahrungsmittelzuteilung auf Marken gut bestehen. Ab Kriegsende hielt man sich mit Schwarzmarktware über Wasser, und nach der Währungsreform 1948 kam es zu einem neuerlichen Aufschwung der Fleischerei. Die Familie Nolting betreibt ihre Fleischereigeschäfte in der Stadt bis in die heutige Zeit.

Übrigens: Nach sechsmonatigem Aufenthalt in einem Internierungslager für Mitglieder des Nazi-Regimes hatte sich Hermann Nolting vor der von der britischen Besatzungsmacht eingesetzten Spruchkammer zur Entnazifizierung zu verantworten. Dort erklärte er, reinen Gewissens gehandelt und stets daran geglaubt zu haben, als Mitglied der deutschen Volksgemeinschaft auf der richtigen Seite zu stehen. Er benannte mehrere Entlastungszeugen, darunter einen von ihm abhängigen Fleischergesellen, die aussagten, er habe sich stets fürsorglich um die ihm anvertrauten Menschen gekümmert und sie vor den Drangsalierungen der Nazischergen geschützt. Nolting wurde zunächst wurde als Minderbelasteter zu 2000 RM Geldstrafe und zur Aberkennung bürgerlicher Ehrenrechte auf drei Jahre verurteilt.

In einer Berufungsverhandlung im April 1947 trat dann als Entlastungszeuge ein evangelisch-lutherischer Pastor namens Schneiderlein auf. Der beschrieb Nolting überschwänglich als einen gottesfürchtigen Mann, der die Kirche zu allen wichtigen Anlässen besucht habe und oft als großzügiger Spender in Erscheinung getreten sei. Dies beeindruckte das Tribunal derart, dass es den gläubigen Fleischermeister zum Mitläufer herabstufte. Die bürgerlichen Ehrenrechte wurden im umgehend wieder zuerkannt.

Anfang der 1950er Jahre wurde der ehrenwerte Fleischermeister Nolting in den Stadtrat gewählt – als Mitglied einer Partei, die den Namen des Heilands in ihrem Parteinamen führt.

III.

Roswitha konnte stolz auf sich sein. In ihrem jungen Leben hatte sie bereits einiges aufzuweisen. Vor knapp zehn Jahren war sie mit ihren Eltern und zwei jüngeren Brüdern in die Stadt gekommen, als eine deutschstämmige Übersiedlerin aus Kasachstan. Schnell hatte sie sich zurechtgefunden, ihre vorher nur geringen Deutschkenntnisse bemerkenswert verbessert. Jemand, der nicht über ihre Herkunft wusste, konnte an ihrer Aussprache nichts finden, was zu bemängeln war. Dass ihre Eltern merkwürdige alte Redewendungen pflegten und ihre Aussprache die für solche Menschen typisch russische Einfärbung hatte, war Roswitha zuweilen peinlich; solche Situationen überspielte sie meist, um nicht selbst damit in Verbindung gebracht werden. Inzwischen war sie im siebzehnten Lebensjahr, ging in die elfte Klasse eines Gymnasiums und sang im Kirchenchor.

Sie hatte also schon viel von dem erreicht, was sie sich vorgenommen hatte, und nun meinte das Schicksal es schon wieder gut mit ihr. Simon und sie waren sich nähergekommen. Plötzlich hatte es zwischen ihnen gefunkt, seitdem torkelte Roswitha liebestrunken durchs Leben. Kurz darauf holte Simon sie von der Chorprobe ab. Lässig ans Portal gelehnt wartete er auf sie. Roswitha kam in Begleitung ihrer besten Freundin Anna-Lena, die stets neben ihr im Chor sang, aus dem Gebäude. Als Roswitha ihn erblickte und strahlend auf ihn zulief, blieb Anna-Lena wie erstarrt stehen. Nun begriff sie, weshalb Simon kürzlich mit ihr Schluss gemacht hatte, einfach so, ohne die wahren Gründe zu erklären. Allein diese Kränkung hatte Anna-Lena bisher nicht verwinden können, und nun entpuppte sich auch noch ihre beste Freundin als diejenige, die ihr den Freund ausgespannt hatte.

Kopflos und mit klopfendem Herzen verließ Anna-Lena den Ort ihrer peinlichen Niederlage. Kein Blick, kein Wort, keine Geste konnte Roswitha verraten, was der Grund dafür hätte sein können. Der Sonnyboy Simon jedenfalls tat so, als ginge ihn das alles nichts an. Roswithas Irritation überspielte er mit seinem Lächeln, dass er irgendeinem Hollywood-Star abgeschaut und vor dem Spiegel lange geübt hatte – und es funktionierte. Eine Aussprache fand nicht statt, Roswitha blieb arglos.

Zwei Tage später begegneten die beiden Mädchen sich wieder, als sie mit ihren jeweiligen Eltern die Heilige Messe besuchten. Roswitha sah zu ihrer Freundin hinüber in der Erwartung, dass diese den Blick erwidern würde. Doch die blickte demonstrativ hoch zum Kirchengewölbe. Danach ergab sich für Roswitha keine Gelegenheit mehr, die Freundin zur Rede zu stellen, und so ging sie, darüber grübelnd, was sie wohl falsch gemacht haben könnte, mit ihrer Familie nach Hause.

Am Abend wurde Roswitha auf eine E-Mail aufmerksam, die soeben auf Ihrem Smartphone eingegangen war. Der Absender war unterdrückt, und die Nachricht enthielt nur vier Worte: *Du Schlampe bist ekelhaft!* Sie erblasste, war wütend und ratlos zugleich und wusste nicht, wie sie reagieren sollte, doch dann stieg allmählich ein Verdacht in ihr auf, der sie aktiv werden ließ. Roswitha startete ihr Notebook und suchte jene einschlägigen Plattformen auf, auf denen man sich leicht über andere das Maul zerreißen kann, und die immer noch – in Verkennung tatsächliche Abläufe – *Soziale Medien* genannt am werden, obwohl man sie eigentlich als *Asoziale Medien* bezeichnen müssten.

Roswitha sah nun, dass ihr schlimmster Albtraum wahrgeworden war. Über Nacht war sie zu zweifelhaftem Ruhm gekommen, ein *Star* geworden. Unzählige Typen, die sie weder kannte noch einordnen konnte, zerrissen sich ihre Mäuler über sie und zogen über ihr angeblich flatterhaftes Sexualverhalten her. Irgendeiner hatte ein Bild, das sie in einem luftigen Sommerkleid zeigte, trickreich überarbeitet. Da waren nun ihre Augen blutunterlaufen, das Kleid oben aufgerissen, so dass man entblößte Brüste sah, die allerdings nicht zu ihr gehörten, und unten, wo ursprünglich ihr zierlicher, in einer Sandalette steckender Fuß gewesen war, sah man stattdessen einen Pferdehuf. Darunter war zu lesen: *Roswitha die Super-schlampe, die mit jedem fickt, der auf sie reinfällt!*

Am ganzen Leibe bebend, suchte Roswitha noch weitere Platt-formen auf. Überall fand sie dort dieses Bild mit diesem Text, und überall gab es dutzendweise hasserfüllte Kommentare dazu. Ihr Stolz auf das in ihrem Leben Erreichte brach wie ein Kartenhaus zusammen. Sie wusste, dass sie sozial geächtet und erledigt war.

Zwei Tage später, bei der nächsten Chorprobe, fehlte Roswitha – allerdings entschuldigt. Eine halbe Stunde vor Beginn war der Chorleiter durch Roswithas Vater darüber informiert worden, dass sie mit dem Fahrrad unter einen LKW geraten und verstorben sei. Dass die Polizei aufgrund des Ablaufs der Ereignisse die Ver-mutung geäußert hatte, es könne sich um einen Suizid handeln, verschwieg der Vater. Auch erwähnte er nicht, dass ein Ab-schiedsbrief Roswithas gefunden worden war.

Anna-Lena stand bei dieser Chorprobe ohne ihre beste Freundin Roswitha auf ihrem angestammten Platz im Chor und sang konzentriert – inbrünstig und mit unschuldigem Blick– ihren Part der einzuübenden Kantate.

Epilog

Vor einiger Zeit wurde ich an einem Ort, an dem so etwas eigent-lich nicht zu erwarten war, von einem Menschen, von dem so etwas nicht zu vermuten war, unvermittelt gefragt: „Glaubst du an Gott?"

Die Szene spielte sich in einem Fitnessstudio ab, und ich war gerade dabei, schweißgebadet die Gewichte zu bewegen. Angesprochen hatte mich ein etwa 70jähriger Mann von kleiner

Statur, der nur wenig Deutsch sprach. Seine Muttersprache war dem Klang nach Slawisch, vermutlich Russisch.

Freundlich, aber bestimmt verneinte ich seine Frage und schob nach, dass die Erziehung zum Glauben an einen solchen Gott, wie ihn uns zum Beispiel die Bibel präsentiert, für mich nur eine Funktion habe: Macht über Menschen auszuüben und sie davon abzuhalten, sich ihre natürlichen Rechte zu sichern.

In einer Mischung aus Entgeisterung, Mitleid und Missachtung sah mich der Mann kurz prüfend an, dann wandte er sich ab. Bis heute hat er mich keines weiteren Blickes mehr gewürdigt. Auch kam nie wieder die geringste Andeutung eines Grußes.

Als ich mir irgendwann die soziale Ächtung bewusst machte, die mit dieser Form der Nichtreaktion einherging, beschloss ich, bei solchen Fragestellern künftig vorsichtiger zu sein.

Kinder lehren uns das Lachen

Wir kennen alle die Geschichte von des Kaisers neuen Kleidern. Kinder sind noch nicht im Lügen geübt, sie sind geradeheraus, wenn sie nicht von klein auf gnadenlos dressiert werden. Sie können uns die Augen öffnen und die Wahrheit ins Gesicht sagen, ganz ohne Skrupel. Und sie können uns vor Augen führen, wie lächerlich es eigentlich ist, wenn Menschen, die sich für erwachsen halten, alles in der Welt bierernst nehmen und sich dabei auch noch in die Tasche lügen.

Als Kind habe ich erlebt, wie so etwas funktioniert, und es ist mir bleibend im Gedächtnis geblieben. Es ist sozusagen eine Lektion fürs Leben. Als ich in die fünfte Klasse kam, wurde uns ein anderer Klassenlehrer vor die Nase gesetzt – nur ein anderer, kein neuer, denn eigentlich war er von gestern. Er unterschied sich in seinem Verhalten wesentlich von unserem alten Lehrer. Früh wurden wir vor ihm gewarnt. Einer von uns hatte von seinem Vater erfahren, dass dieser Lehrer in den ersten Jahren nach dem Krieg nicht hatte arbeiten dürfen – erst vor ein paar Jahren sei er wieder in den Schuldienst übernommen worden. Er habe eine üble Nazivergangenheit, hieß es. Und so sah er auch aus: Zwei Schmisse quer über der linken Wange, ein Haarschnitt, der fünf Zentimeter über den Ohren endete und den er wohl aus dem Dritten Reich hinübergerettet hatte, ein gnadenloser, herablassende Blick und eine lockere rechte Hand, mit der er bei jeder Gelegenheit Backpfeifen verteilte. Wir hatten bei ihm nichts zu lachen, und wir wagten es auch nicht.

Bevorzugtes Objekt seiner rassistischen, sadistischen Entgleisungen war ich. Nachdem er erfahren hatte, welche Geschichte meiner Familie widerfahren war – meine Eltern waren Opfer des Naziregimes, was auch Auswirkungen auf mich hatte, obwohl ich erst nach dem Krieg geboren worden war – schoss er sich darauf ein, mich mit einem stets Beifall heischenden Seitenblick auf meine Mitschüler zu drangsalieren. So ging es über ein Jahr, ohne Hoffnung auf Besserung, aber ich hielt durch. Dieser Lehrer spielte den Herrscher über *seine* Klasse und hielt mich in der Rolle seines Fußabtreters. Und weil alle Angst vor ihm und seinen unberechenbaren Launen hatten, und jemand daran interessiert war, meine Rolle übergestülpt zu bekommen, hielten alle das Maul.

Dann kam eines Tages Adam in unsere Klasse. Er war knapp zwei Jahre älter als wir, größer und kräftiger, aber immer noch ein Kind. Vor kurzem war er mit seiner Familie als Aussiedler aus Russland gekommen. Und gleich am ersten Tag legte es der Lehrer darauf an, Adam die Rollenverteilung in unserer Klasse zu verdeutlichen. Drohend baute er sich vor ihm auf und begann, ihn auszufragen. Vorher er denn komme, wollte er von Adam wissen. In einem verständlichem Deutsch, das allerdings für uns seltsam gefärbt war, antwortete der Gefragte: „Aus einem Dorf in Russland, kurz vor dem Ural."

„Da waren wir auch schon mal, in Russland", sagte der Lehrer. Offenkundig wollte er, wie wir es schon früher erlebt hatten, nun einige seiner Kriegserlebnisse zum Besten geben. Aber dazu kam es nicht.

Adams Antwort kam sofort, leise und bestimmt, treffend: „Ja, das erzählen sich noch heute die Leute zuhause, dass die Deutschen im Land waren. Und sie erzählen auch, wie die Deutschen da gehaust haben. Das waren Teufel, sagen sie. Bis in unser Dorf sind die

Deutschen aber gar nicht erst gekommen. Die Russen haben sie verjagt.

Der Klassenlehrer erstarrte und schwieg, unfähig, etwas zu erwidern. Adam grinste ihm fröhlich ins Gesicht und begann dann zu lachen. Dieses Lachen wirkte auf uns so, dass wir alle davon angesteckt wurden. Nur einem in der Klasse war das Lachen vergangen.

Eine Frau denkt – mit dem Rücken an der Wand

Sie werden mir nicht glauben. Du siehst Gespenster, werden sie sagen, allmählich drehst du durch. Dabei werden sie sich mit dem Zeigefinger an die Stirn tippen und damit zeigen, dass ihrer Meinung nach mein Kopf nicht richtig arbeitet. Und ich höre schon, wie sie sagen: Gib's auf, Theresa, das hat keinen Zweck. Dass mir nur wegen meiner mexikanischen Herkunft gekündigt wurde, werden sie als meinen Anlass sehen, ihnen über meine Beobachtungen zu berichten. Sie werden denken, ich will mit untauglichen Mitteln gegen die aussichtslose Lage angehen. Dieses rassistische Ungeheuer will mich nicht nur wegen seiner Gesinnung loswerden, sondern darum, weil ich ihn durchschaut habe. Seine Macht, dies zu erreichen, ist grenzenlos, und sie wissen das. Sie werden meine Gegenwehr als wütendes, hilfloses Aufstampfen eines kleinen Mädchens mit seinem Fuß deuten, das sich einfach nur schlecht behandelt fühlt. Die von dem Ungeheuer ausgehende Gefahr werden sie leugnen und als Hirngespinste abtun – so wie sie das vor seiner Wahl und auch danach taten. Auch jene, die inzwischen begriffen haben, welche Gefahr er für unser aller Leben darstellt, werden sich weiterhin so verhalten. Wer ist schon in der Lage, anderen und sich selbst den größten Fehler seines Lebens einzugestehen.

Also stehe ich allein. Eine einfache, machtlose Frau soll sich gegen einen übermächtigen Gegner behaupten, der alle bösen Tricks kennt, der alle schlimmen Typen, die sich in diesem Land zusammengerottet haben, als seine willigen Helfer im Rücken weiß. Diese Schlacht kann ich nicht gewinnen.

Aber was kann ich sonst tun? Freiwillig kuschen vor dieser Bedrohung? Fliehen? Was wird aus meiner Familie? Was wird aus meinem Traum vom besseren Leben in diesem Land, den ich schon ein wenig verwirklichen konnte? Soll das alles umsonst gewesen sein? Ich habe viel zu verlieren. Und was soll aus diesem Land werden, wenn ich zu feige bin, auf die Gefahr hinzuweisen, mein Wissen zu offenbaren? Wie kann ich noch jemals im Leben ruhig schlafen, wenn ich jetzt versage?

Nein, ich muss kämpfen. Vielleicht finde ich doch Menschen, denen ich mein Geheimnis offenbaren kann. Auch wenn es wenig wahrscheinlich ist, dass ich jemanden finde – noch heute mache ich mich auf die Suche.

Problemlösung

Alle warten ungeduldig auf diesen Zug, der sich – wie ja viele Züge heutzutage – um einiges zu verspäten scheint. Dann beginnt die Unruhe. Immer häufiger blicken die Leute auf Armbanduhren, Bahnhofsuhr und Anzeigetafel. Der Wind hat stark zugenommen, Böen wirbeln Laub auf. Wie kommt das eigentlich hierher, auf diesen Bahnsteig, wo doch weit und breit kein Baum steht? Kein Zug kommt, es tut sich nichts. Auch auf den anderen Bahnsteigen, auf die man von hier aus blicken kann, bietet sich das gleiche Bild. Überall durchnässte, fröstelnde Menschen, die nur darauf warten, dass endlich ihr verdammter Zug kommt. Erste feindselige Blicke werden auf Bahnbedienstete abgeschossen, die pausierend und verlegen grinsend in ihrem warmen Kabuff sitzen und sich die Freude darüber nicht anmerken lassen, dass es heute für sie etwas geruhsamer als sonst zugeht.

Endlich eine Durchsage: „Verehrte Fahrgäste! Aufgrund der herrschenden Wetterlage wurde der gesamte Zugverkehr in Norddeutschland auf unabsehbare Zeit eingestellt. Auf zahlreichen Hauptstrecken sind umgestürzte Bäume und defekte Oberleitungen gemeldet. Sie können sich in der Abfertigungshalle über alternative Beförderungsmöglichkeiten informieren. Auf den Gleisen drei und sieben werden in Kürze Züge als Übernachtungsmöglichkeit für Sie bereitstehen. Bei Änderung der Lage werden wir Sie unverzüglich verständigen. Wir bitten um Ihr Verständnis."

Noch vor dem Ende dieser Durchsage beginnt in Bennos Hirn ein wirrer Film abzulaufen. Abrupt setzt er sich in Bewegung. Mit gehetztem Blick stürmt er auf die Treppe zu, nimmt immer zwei Stufen auf einmal, ohne sich am Geländer absichern zu können,

174

denn seinen Rucksack hält er mit beiden Händen, damit der nicht vom Rücken rutscht. Nach einer knappen Minute Dauerlauf hat er das Bahnhofsportal passiert und läuft in den prasselnden, kalten Regen, der in sein Gesicht peitscht. Benno spürt nichts davon.

Die Taxiplätze vor dem Bahnhof sind verwaist. Zu viele vor mir müssen die gleiche Idee gehabt haben, denkt Benno. Er merkt nicht, dass er zittert. Und sollte er sich dessen bewusst werden, würde er sich kaum eingestehen können, dass dies nicht an den Wetterbedingungen liegt, sondern an dieser plötzlich aufgekommenen Bedrohung, die immer stärker sein Bewusstsein flutet.

„Krüger", werden die Wachteln belehrend zu ihm sagen, „es lag ausschließlich in Ihrer Verantwortung, sich die Zeit so einzuteilen, dass Sie rechtzeitig wieder zurück sind. Ihnen wurde lediglich dieser eine Tag Urlaub bewilligt, und der ist nun mal um 24 Uhr zu Ende. Da machen Sie es sich zu einfach, wenn Sie von höherer Gewalt quatschen. Hätten Sie rechtzeitig den Rückweg angetreten, wären Ihnen die Folgen erspart geblieben."

Die Folgen, denkt Benno. Die Folgen! Sieben Jahre eingesperrt, unmündig gehalten und bevormundet; nervende Gruppensitzungen mit dieser verlogenen, arroganten Psychologin, die ihr geheucheltes Verständnis für begangenes Fehlverhalten stets wie eine Monstranz vor sich herträgt und anschließend die strenge Gouvernante gibt; erzwungene Unterordnung in einer Subkultur, in der dasselbe Gesetz herrscht wie in der afrikanischen Savanne – das Recht des Stärkeren. Das alles sind die Folgen eines einzigen Fehlers, in den man als junger Mensch hineingestolpert ist. Über den man unter Zeitdruck innerhalb weniger Sekunden entscheiden musste. Der einem nur deshalb unterlaufen ist, weil man so schnell keinen anderen Ausweg sah. Nein, einen weiteren Fehltritt werden die mir kein zweites Mal vorhalten können. Nicht noch einmal werde ich die dafür vorgesehenen Folgen zu tragen haben. Alles werde ich dafür tun, um zu verhindern, jemals wieder dort eingeschlossen zu werden.

Und nun? Niemals hat er mit einer solchen Bedrohung seiner so lange ersehnten Freiheit rechnen können. Die soll doch endgültig sein, bis ans Ende seiner Tage will er die genießen. Wenn ich es bis Mitternacht nicht schaffe, denkt Benno, wird der nächste dreißigste April kein Entlassungstag, sondern er wird genauso ablaufen wie der jeweilige dreißigste April in den letzten sieben Jahren. Dann ich weiterhin kein Mensch sein dürfen, der sein Leben wie jeder andere Erwachsene selbst bestimmen kann. Dann ist Schluss mit offenem Vollzug, unbegleitetem Freigang und sonstigen Lockerungen – auf Jahre.

Benno überlegt kurz, Roswitha anzurufen, der er bis zum Nachmittag den Gartenzaun repariert hat. Das kann er wirklich gut, drinnen haben sie ihn zum Tischler ausgebildet. Dann fällt ihm das Werkzeug ein. Verdammte Scheiße, denkt Benno, das Werkzeug. Mein Rucksack ist deswegen so schwer, weil ich vergessen habe, es bei Roswitha wieder auszupacken. Das muss ich irgendwo loswerden, sonst denken die Wachteln noch, ich war auf Einbruchstour. Und das Telefonat mit Roswitha hat sich erledigt. Sie wird längst außer Haus sein, und mir läuft die Zeit davon.

Da sieht Benno ein Taxi um die Ecke biegen. Die Beleuchtung signalisiert, dass es verfügbar ist. Es steuert den leeren Halteplatz an. Mit seinen dreißig Jahren und dem regelmäßigen Fitnesstraining gelingt es ihm mühelos, eine ältere Konkurrentin zu überholen, die ebenfalls dem Taxi zustrebt, aber mit ihrer Taschenkarre im Schlepp vergeblich versucht, die Bordsteinkante zu überwinden. Benno reißt die Beifahrertür auf und wirft sich ungestüm in den Wagen. Erst legt er drinnen seinen Rucksack ab, dann sieht er die Taxifahrerin an, die ihn nur wenig überrascht, aber fragend anblickt.

„Können Sie mich nach Lüneburg fahren?"

Die Frau überlegt nur kurz, konsultiert ihr Navigationsgerät dann sagt sie: „Das sind 130 Kilometer hin und 130 Kilometer zurück. Da bin ich ja erst lange nach Mitternacht wieder zuhause." Ihr entschlossener Blick signalisiert Benno, dass er Glück haben wird, und er hört sie sagen: „Festpreis, 350 Euro."

Benno nickt und fragt, ob es ihr recht sei, wenn er das Geld in Lüneburg vom Automaten holt. Ohne zu zögern nickt sie und vereinbart so ihr bestes Geschäft dieses Monats. Dann wendet sie das Taxi und nimmt die Fahrt auf.

Außerhalb der Stadt nimmt der Regen weiter zu, mehrfach drängen plötzlich von der Seite einfallende Böen den Wagen aus der Spur. Am Lenkrad treten die Knöchel der Frau weiß hervor, sie muss ganze Arbeit leisten. Kurz vor der Autobahnabfahrt kommt eine Raststätte, und Benno bittet die Frau, für eine Pinkelpause rauszufahren. Ohne Einwand kommt sie der Bitte nach und hält direkt vor dem Eingang der Raststätte. Wartend bleibt sie im Auto sitzen. Ihr geht die Frage durch den Kopf, was für ein seltsamer Kerl das wohl ist, der bei diesem Wetter, um diese Zeit, unbedingt nach Lüneburg muss. Seit dem Fahrtbeginn hat er kein Wort geredet. Irgendeine Sache scheint ihn sehr stark aufzuwühlen.

Zweimal hat sie versucht, mit ihm ins Gespräch zu kommen, und beide Male ist sie abgeblitzt. Ob er sich um irgendeine Person sorgt, ob ein Verwandter im Sterben liegt? Sie nimmt sich vor, der Versuchung zu widerstehen, ihn danach zu fragen, wenn er wieder einsteigt.

Als Benno zurückkehrt, steigt er diesmal hinten ein. Nach dem Schließen der Tür beugt er sich nach vorn, greift seinen Rucksack, zieht ihn an sich und kramt darin.

„Weiter", sagt er, „in Lüneburg können Sie die erstbeste Sparkasse ansteuern, für das Fahrgeld."

Sie nickt und fährt los, Richtung Lüneburg. Das Wetter hat sich inzwischen noch mehr verschlechtert. Abgebrochene Äste werden vom Wind über die Straße gefegt, glitschiges Blattwerk zwingt zu vorsichtigerer Fahrweise. Die Fahrerin muss sich uneingeschränkt auf ihre Arbeit konzentrieren. Sie ist nun eigentlich froh, keinen quatschsüchtigen Fahrgast befördern zu müssen.

Benno schweigt weiterhin, schaut aus dem Fenster und kramt zwischendurch immer wieder in seinem Rucksack. In Momenten, in denen er sich unbeobachtet glaubt, betrachtet er die Frau vor ihm. Sie müsste mal nachfärben. Zwischen dem Kupferrot ihres Haupthaars und der Kopfhaut haben sich bald zwei Zentimeter lange graue Haare geschoben. Wer nachts zu solchen Bedingungen Taxe fährt, wird es auch nicht leicht gehabt haben im Leben. Sie könnte seine Mutter sein.

Die Bundesstraße wird nun etwas belebter, dann kommt ein Ortsschild mit der Aufschrift „Lüneburg". Die Taxe wird nun auf akkurat 50 km/h abgebremst. Eine Verkehrskontrolle wäre das Letzte, was beide Fahrzeuginsassen gebrauchen könnten.

178

Ein letztes Mal kramt Benno in seinem Rucksack, dabei immer wieder um sich blickend. Plötzlich entdecken beide gleichzeitig eine Sparkassenfiliale, direkt an der Ausfallstraße liegend. Die Fahrerin drosselt die Fahrt und parkt am Bordstein, ungefähr 20 Meter vom Eingang der Filiale entfernt. Das Sauwetter hat die Leute in ihre Behausungen gescheucht; denn wer nicht unbedingt raus muss, verkriecht sich irgendwo. Die Straße ist fast menschenleer. Nur ab und zu fährt ein Autos vorbei und spritzt eine Welle des nur schlecht abfließenden Regenwassers bis auf den Bordstein.

„So, hier kriegen Sie Geld", sagt sie und blickt Benno dabei im Rückspiegel an. Das Letzte, was sie außer seinem verzerrten Gesicht noch wahrnimmt, ist ein ca. 30 cm langer Schraubenzieher, dessen Stahl im Licht der Sparkassenreklame matt-rötlich blinkt.

Benno spult seinen Plan ab. Er muss ein paar Handwerkzeuge entsorgen, dazu das Handtuch aus dem Rucksack, das er sich um den rechten Arm und die rechte Hand gewickelt hatte und das nun verräterische Blutspuren aufweist, außerdem jenen Schraubenzieher, den er der Taxifahrerin in den Herzbeutel stach. Dafür nimmt er extra einen Umweg, der ihn zunächst von seinem eigentlichen Ziel wegführt. Bald findet er einen halb leeren Müllcontainer, der neben anderen im Dauerregen steht, und entsorgt den belastenden Kram. Er hat Mühe, bei dem starken Wind den Deckel wieder zu schließen. Verdammte Scheiße, heute hat die Natur etwas gegen mich, denkt er und wischt sich Tränen der Wut aus dem Gesicht. Dann hat er endlich mit seinen ausgekühlten, zittrigen Händen den Container geschlossen. Ein letzter prüfender Blick überzeugt ihn, dass das Ding neben den anderen Containern völlig unverdächtig in der Gegend rumsteht. Er atmet durch und macht sich nun zügig auf den Weg zur JVA Lüneburg.

Die Außenwache erreicht er um 23 Uhr 45, völlig durchnässt von Regen und Angstschweiß. Er kommt also gerade noch rechtzeitig, um den Einstieg in sein neues Leben nicht zu gefährden.

Wie die selbstsichere einmal Thekla sprachlos wurde

Thekla Weber schiebt mit missbilligender Miene die aufgeblätterte Zeitung zur Seite. Auf ihrem zweieinhalb Meter langen Schreibtisch geht das einfach, denn außer einer Tastatur, einem Monitor und einer Glasschale mit dem teuren Füller ist sonst nichts darauf zu finden. Dieses Journalistengeschwafel über einen zu geringen Frauenanteil in Chefetagen interessiert sie nicht mehr. Schließlich hat sie es geschafft, sie ist oben angekommen.

Als die aufgebrezelte Sekretärin hereinstöckelt und ihr die Mappe mit den angekündigten Unterlagen wortlos auf den Schreibtisch legt, wie stets mit diesem aufgesetzt wirkenden säuerlichen Lächeln, das einen Hauch von Spott andeuten soll, nickt Thekla knapp, ohne auch nur mit einem Wort zu danken, und wartet, bis sich die Untergebene mit klappernden Schritten entfernt und die Tür hinter sich geschlossen hat. Erst dann greift sie zu dieser Mappe und beginnt darin zu blättern.

Ja, es ist auch ihr Erfolg, dass die Verhandlungen mit der Konkurrenz aus Toulon so gut abgeschlossen werden konnten. Wenn auch die Firma von denen geschluckt wurde, hatten sie einen achtbaren Preis dafür zu zahlen. Die ausgehandelten Konditionen können sich sehen lassen. Zwar wird ein Teil der Produktion nach Frankreich verlagert, aber die Hauptanlage wird unverändert am alten Ort produzieren, und die Stammarbeitsplätze mit dem qualifiziertem Personal bleiben somit erhalten. Bei solch akzeptablen Ergebnissen blieb auch dem Betriebsrat nichts anderes übrig, als die Beschäftigten darauf einzuschwören, nichts gegen die Übernahme zu unternehmen.

Und auch Thekla wird profitieren. Ihr Verbleib in der Vorstands-etage und eine größere Gehaltsaufbesserung sind ihr zugesichert, und eine fette Prämien für Ihr Entgegenkommen bei den Ver-handlungen ist auch noch drin. Sie kann von sich behaupten, die Treppe raufgefallen und ganz weich gelandet zu sein. Nicht jeder ist bei dieser Umstrukturierung so gut wie sie weggekommen, aber das schert sie nicht weiter. So ist das eben im Kapitalismus: Hammer oder Amboss, fressen oder gefressen werden. Sie hat sich ein gutes Beutestück herausgerissen und wartet nun darauf, es an einem ruhigen Plätzchen genüsslich verspeisen zu können. Thekla schließt die Mappe und wirft sie achtlos auf den Tisch. Dann steht sie entschlossen auf, schnappt sich ihre Tasche und verschwindet wortlos aus dem Büro. Für heute hat sie genügend Erfolge für sich verbuchen können.

Als sie eine halbe Stunde später das Automatiktor öffnet und ihren Porsche Cayenne schwungvoll in die häusliche Garage fährt, ist sie bester Laune. Da kommt Marie, das Au-pair-Mädchen, atemlos auf sie zugerannt und ruft sie in ihrem französischen Akzent: „Wo ist Hanna? Ich kann Hanna nicht finden."

Theklas Laune hat sich schlagartig verändert. „Was ist mit meiner Tochter, was hast du mit ihr angestellt?"

„Wir waren im Garten. Ich war nur kurz zur Toilette, vielleicht eine Minute, und jetzt suche ich sie überall."

Als in diesem Moment Hanna brabbelnd unter einem Busch hervor kriecht, atmet Marie erleichtert auf. Die Welt ist für sie wieder im Lot.

Nicht aber für Thekla. Wenn sie einmal zornig wird – aber dies geschieht nur bei Menschen, die sie in der Hierarchie unter sich weiß – ist sie erst wieder zu bremsen, wenn sie ihr Gegenüber so richtig zur Sau gemacht hat. Schließlich ist dieses Verhalten nur eine ihrer ausgeprägten Eigenschaften, denen sie ihren Job in der Vorstandsetage zu verdanken hat. Und sie genießt solche Auftritte jedes Mal, wenn sie Gelegenheit hat, damit zu glänzen.

„Deine Unzuverlässigkeit ist unglaublich. Du kannst nicht mal ein paar Minuten auf meine Tochter aufpassen, ohne dass etwas passiert. Sie hätte irgendwo verletzt liegen können oder gekidnappt worden sein. Ich hab immer geahnt, dass Du eine undankbare Göre bist. Alles bekommst du von mir: Unterkunft, Verpflegung, 200 Euro Taschengeld und mehr als genügend Freizeit. Einen guten Schulplatz habe ich auch besorgt, und trotzdem sind deine Leistungen saumäßig. Ich kann dich einfach nicht mit Hanna allein lassen, ohne ständig in Sorge zu sein." Während ihrer Tirade schlägt sie zu jedem dritten Wort mit der Faust auf den Gartentisch, doch das Klirren der darauf stehenden Gläser lässt sie unbeirrt. „So geht das nicht weiter", schreit sie zum Schluss und funkelt Marie wütend an.

Die schaut unbeeindruckt, aber aus traurigen Augen zurück. Einige Zeit braucht sie noch, um das Gehörte zu verarbeiten. Dann schlägt sie in einem bemerkenswert sachlichen Ton und makellosem Deutsch zurück, nur ihr französischer Akzent verrät ihre Herkunft: „Seit eineinhalb Jahren halte ich Ihr arrogantes Getue aus und schlucke alle Frechheiten, die Sie mir bieten. Und alles nur, um diese Scheißstelle hier zu behalten. Sie nutzen mich aus und belästigen mich mit jedem Kleinkram. Für das, was ich hier leiste, müssten sie anderen 2000 Euro oder mehr zahlen, aber mich speisen Sie mit ein Zehntel davon ab. Vielleicht wissen sie das nicht, aber *Au-pair* bedeutet *auf Gegenseitigkeit*. Das Verhältnis zwischen uns ist aber ziemlich einseitig – Sie oben, ich unten. Sind wir etwa noch im Mittelalter? Ich fahre noch heute nach Hause. Das restlich noch ausstehende Taschengeld können sich dahin stecken, wo sie alles andere auch hintaten, um das Sie die Leute schon beschissen haben. Lecken Sie mich am Arsch."

Thekla hat sich im Laufe ihrer Karriere sehr robuste Ellbogen zugelegt, die sie auch zu nutzen weiß, wenn es gilt, andere zu verletzen. Jetzt, da sie sich in einer für sie ungewohnten Situation wiederfindet, in der die Verhältnisse umgekehrt sind, ist sie plötzlich hilflos. Was Marie nicht erwartet hatte, tritt tatsächlich ein. Die sich so tough gebende Frau zuckt hilflos mit den Achseln, schnappt sich ihre Tochter, die eine solch besondere Unterhaltung wohl noch nie miterlebt und mit staunenden Augen und Ohren verfolgt hat, und geht stumm mit ihr ins Haus.

Marie braucht eine knappe Stunde, um zu packen und sich von einem Taxi abholen zu lassen, das sie zum Flughafen bringen wird. Sie weiß, dass jeden Tag mehrere Flieger auf der fraglichen Strecke eingesetzt werden, und einer davon wird sie nach Hause bringen. Sehr lange wird sie also nicht warten müssen, und sie freut sich auf nichts so sehr wie auf ihr Zuhause.

*

Zwei Wochen später sitzt Thekla in ihrer Vorstandsetage. Heute wird die französische Delegation jener Firma eintreffen, die künftig das Sagen haben wird. Thekla ist erschöpft. Mehr als eine Woche hat es gedauert, die privaten Dinge so zu regeln, dass alles wieder normal läuft. Vorgestern hat eine Haushälterin die Arbeit aufgenommen, zu deren Aufgaben neben dem üblichen Kram auch Hannas Betreuung gehört. Mehr als 2000 Euro wird die Frau monatlich kosten. Eigentlich unverschämt viel, aber sie scheint Theklas Notlage gerochen zu haben und nutzt dies nun gründlich aus. Thekla hat sich vorgenommen, diese unakzeptablen Forderungen umgehend zu drücken, wenn sich erst einmal alles normalisiert hat. Schließlich kennt sie beruflich alle Tricks, die da von Nutzen sein können.

Kurz nach 13 Uhr treffen die Franzosen ein – acht Männer, keine einzige Frau. Typisch, denkt Thekla, die Franzosen haben immer noch nicht gelernt, auch Frauen an die Fleischtöpfe zu lassen. Das deutsche Führungspersonal strömt aus seinen Büros. Man trifft sich im Konferenzraum und stellt sich gegenseitig vor. Der Wortführer der Franzosen stellt sich als Herr Dupont vor. Ein Allerweltsname, denkt Thekla, sowie bei uns Meier oder Müller. Die pampige Marie hieß tatsächlich auch so.

Dann steht man in Grüppchen und schlürft Champagner, während man sich angeregt austauscht. Nach einer Weile kommt Herr Dupont auf Thekla zu und sagt: „Schön, Sie zu treffen. Wir haben übrigens eine gemeinsame Bekannte. Marie Dupont ist meine Tochter. Ich bin wirklich froh, dass sie wieder zuhause lebt."

Schweißtreibend

Derzeit nerven drei Dinge. Dabei geht es nicht einmal um politische Ansichten noch um besonders wichtige Sachverhalte; und dennoch steigert es sich allmählich bis zur Unerträglichkeit. Eigentlich sind es Nebensächlichkeiten, Posen und Gebaren, mit denen offenbar andere beeindruckt werden sollen. Man will dazugehören, andere tun es schließlich auch. Es ist Mode. Geschmacklosigkeiten aller Zeiten resultierten aus solchen Motiven, und mit den heutigen Moden ist es nicht anders.

Da ist erstens die dumme Angewohnheit, Sonnenbrillen nicht vor die Augen, sondern mitten auf den Kopf zu stecken. Ob die jeweils weiblichen oder männlichen Träger über langes, wucherndes Haupthaar verfügen oder lediglich über eine fünf Millimeter lange Stoppelfrisur – stets thronen diese Dinger auf der Schädeldecke und können sich mit den Schweiß- und Talgabsonderungen der Kopfhaut auseinandersetzen. Würden sie wegen heftiger Sonneneinstrahlung wirklich einmal benötigt, böten sie deshalb nur einen verschwommenen Durchblick. Aber vielleicht will man diese Welt, wenn man schon gezwungen wird, sie wahrzunehmen, durch fettige Gläser mit dem entsprechenden Weichzeichnereffekt sehen. So wird alles erträglicher, und man kann sich außerdem mit einer Pose wichtig tun.

Eine weitere nervige Sache ist das Tragen von Kopfhörern. Vor 30 Jahren begann es mit dem Walkman. Dazu trug man Schmalzproppen in den Ohren, mit denen man sich von der Welt akustisch abschotten konnte. Mittlerweile sind die Dinger für viele Zeitgenossen obligatorisch – beim Spazierengehen, beim Sport, im Verkehr und möglicherweise auch beim Verkehr. Meist waren es die kleinen Stöpsel, manchmal schaumstoffgefüllte Lautsprecher mit Kopfbügeln. Sei's drum. Doch als sich vor einiger Zeit diese dicken Kopfhörer in der Größe von Mickymaus-Ohren durchsetzten, wurde es wirklich eklig. In der Muckibude oder draußen beim Lauf um den See begegnen uns nun zuhauf diese Typen, die mit solchen Dingern einen Großteil ihrer Kopfseiten bedeckt haben und denen wegen ihrer körperlichen Anstrengung der Schweiß in Bächen vom Gesicht läuft. Eigentlich müssten die alle beim Duschen ihrer Kopfhörer komplett einseifen und abspülen, oder sie zumindest auf chemischem Wege reinigen. Aber dafür sind die nicht gebaut, und es ist ernsthaft zu bezweifeln, dass so etwas tatsächlich geschieht. Bei solch bakteriellen Brutstätten sind deshalb ernsthafte Entzündungen in den Ohren der jeweiligen Träger und Geruchsbelästigungen für unschuldige Zeitgenossen zu befürchten.

Drittens geht es um das Schuhwerk, vor allem bei Frauen. Das Tragen bestimmter Schuh- und Absatzformen scheint als Zeichen von Emanzipation missverstanden zu werden. Laut müssen sie sein, knallend. Es soll klingen wie der Stechschritt eines knackigen Soldaten der Volksarmee bei der Wachablösung vor einem Ehrenmal. Wenn solche schuhbewaffneten Damen über den Büroflur schreiten, erinnert es an das Pfeifen eines ängstlichen Menschen, der sich allein in einem dunklen Wald durchschlagen muss. Da wird sich selbst und den unfreiwilligen Ohrenzeugen etwas vorgegaukelt, was tatsächlich nicht in ausreichendem Maße vorhanden zu sein scheint: Selbstbewusstsein. Und weil dies das ganze Jahr über fehlt, wird auch im Hochsommer durch die Gegend geschritten – mit hohen Schaftstiefeln und knallenden Hacken, wo leise Espandrillos angebrachter und vor allem für alle

187

Beteiligten entspannender wären. Selbstredend wird auch hierbei Schweiß produziert, der aber in diesem Fall nicht einmal verdunsten kann, sondern unablässig Schweißfüße produziert. Dies an grazilen Füßchen der Größe 38, aber mit einem Stinkpotenzial von 45er Knobelbechern nach einem 20 Kilometer Gewaltmarsch unter Vollgepäck.

Ja, was nicht alles getan wird, um „angesagt" zu sein. Irgendwann wird irgendein Idiot oder eine Idiotin auf die Idee kommen, sich eine Plastiktüte als Schal lässig um den Hals zu legen. In Windeseile wird dies um sich greifen. In einschlägigen Fernsehsendungen wird es dann zum modischen „must-have" erklärt, wenn es sich um eine Gucci-Tüte und nicht gerade um eine profane von Aldi handelt. Der Großteil der Republik, repräsentiert von jenen, die immer dazugehören und niemals auffallen wollen, wird schwitzen. Vermeintlich freiwillig, weil sich nur so verdrängen lässt, dass es sich eigentlich um Angstschweiß handelt – als Ausdruck jener Angst, zum Außenseiter dieser Gesellschaft zu werden.

Das lokale El Niño

Bisher trat das Phänomen nur im südpazifischen Raum auf. In unregelmäßigen Abständen, aber stets vor dem Jahreswechsel eintreffend, brachte es Leid über die Menschen. Manche schrieben es dem schonungslosen Umgang mit der Natur zu, andere sahen es als Strafe Gottes. Man gab ihm den Namen El Niño: Das Kind, das Unheil zu Weihnachten bringt.

Es war nur eine Frage der Zeit, dass so etwas Schule macht. Seit kurzem hat auch Hannover sein El-Niño. Es hört auf den Namen Johannes und verhält sich ebenfalls wie ein Kind, das sich noch in den Flegeljahren befindet: altklug und zugleich dummdreist. Johannes hält sich für erwachsen, doch gerade das ist er nicht. Erwachsen geworden zu sein stellt man dadurch unter Beweis, dass man autonom und nicht heteronom handelt, Verantwortung für sich und für seine Handlungen übernimmt. Doch dies alles gehört nicht zu seinen charakterlichen Qualitäten.

Mit jugendlicher Unbekümmertheit stöbert er in Bibliotheken, auf deren Bücher sich ein gnädiger Staub des Vergessens gelegt hat, zieht Einzelne raus und legt sich einen Zusammenhangfundus von Zitaten zu, mit denen er gnadenlos seine Zeitgenossen quält. Erbarmungslos sorgt sein autoritärer Charakter für ständig neue Entgleisungen, die sich in seiner eigenen Selbstüberschätzung leistet. Wer so gestrickt ist, der kann auch einen Kreisverband mit 500 Menschen führen, wenn die auch allesamt mehr Verstand und Lebenserfahrung haben als er selbst. Den Begriff Führen interpretiert er so, wie es von 1933 bis 1945 in Deutschland geläufig war, wenn er auch auf eine Frage nach seinem Führungsstil einmal geantwortet hat, das Führerprinzip sei seit 1945 abgeschafft. Er scheint gar nicht begriffen zu haben, dass er es mit seinem Verhalten wieder eingeführt hat. Vielleicht glaubt er tatsächlich, dies alles sei sein persönlicher Erfolg, seinen herausragenden Fähigkeiten geschuldet. Vielleicht kann er sich dies jetzt vorgaukeln, so wie er jene besoffen reden kann, die ihn gewählt haben und seinen stalinistischen Habitus jetzt bejubeln.

Alle beteiligten sollten mal nach oben schauen. Sie müssten mit ihren Blicken nur den Fäden folgen, die von den entsprechenden Körperstellen El Niños, die für Arm-, Bein-und Kopfbewegungen zuständig sind, steil nach oben führen. Irgendwo da oben zieht nicht ein gnädiger Gott die Fäden, sondern lediglich jemand, der sich mit seiner ausgeprägten narzisstische Persönlichkeitsstörung dafür hält. Und er hat alle Hände voll zu tun. Neben dem hannoverschen El-Niño sind nämlich noch die Fäden einiger anderer Figuren zu bedienen, die am Zappeln gehalten werden müssen. Da sind die Vorsitzenden des Landesverbands und anderer Kreisverbände in Niedersachsen, denen er diese verantwortungsvollen Posten zugeschanzt hat. Sie alle sorgen dafür, dass er weiterhin ungehindert seine Fäden ziehen kann und er so sicher sein kann, bei der nächsten Bundestagswahl wieder einen sicheren Listenplatz zu bekommen. Was kümmert es ihn da, dass Zuschauer mit der Faust in der Tasche dies über sich ergehen lassen müssen, wenn El-Niño und die anderen Figuren bei dieser Schmierentheatervorstellung ihrer Hauptrolle spielen.

Eins ist sicher: Für den Südpazifik wurde wissenschaftlich bewiesen, dass El-Niño von Menschen ausgelöst worden sein muss – und das gilt vermutlich auch für El-Niño in Hannover.

Von großen und kleinen Fluchten

Im Alter von siebzehn Jahren war ich an dem Punkt, an dem nicht mehr ging, wie man heute so sagt.

Sämtliche Träume, so bescheiden sie auch gewesen sein mögen, waren zerplatzt. Gescheitert war alles, was ich mir vorgenommen hatte. Es blieb mir nur die Flucht nach vorn. Weg, weg hier, weg aus dieser bedrohlichen Mittelmäßigkeit, weg aus diesem Leben, an dem ein Tag wie der andere war – stets berechenbar. Ein Wagnis eingehen, wie es sich keiner dieser Typen um mich herum trauen würde.

Es dauerte zwei Wochen, in denen ich mich wie selten zuvor anstrengte, um mein Ziel zu erreichen. Dann waren die Genehmigungen erteilt, Mutters Unterschrift endlich dort, wohin sie meiner Meinung nach gehörte. Am nächsten Morgen fuhr ich kostenfrei von Hannover mit einem LKW mit, der den Neustädter Hafen in Bremen ansteuerte. Stunden später betrat ich voller Bangen die Gangway eines Schiffes, das mich an den US-Golf bringen würde.

Alles war neu. Ich hatte die unterste Position an Bord, dreißig Kerle über mir, die mich oft meine Rolle spüren ließen. Ich musste es ertragen. Erstmals in meinem Leben konnte ich mir keine meiner bisherigen kleinen Fluchten erlauben. Kneifen war unmöglich. Von Bord gehen war keine Option – mitten auf dem Atlantik. Erstmals lernte ich, durchzuhalten, mich zu behaupten, notfalls durchzusetzen. Nach drei Monaten kehrte ich als ein Mensch mit veränderten Charaktereigenschaften nach Hause zurück.

Eine Flucht ins Ungewisse kann sich auszahlen, habe ich gelernt.

Ein Tannenbäumchen erzählt

Bis vorgestern war die Welt noch in Ordnung. Das Leben war schön. Mit meiner Familie stand ich am Rand des Tannenwaldes, der von der Autobahn und einem Flüsschen eingerahmt wird. In unserer Schonung ging es immer ganz friedlich zu. Rehe grasten um uns herum, Bodenpflanzen machten es sich zwischen uns gemütlich, und junge Wildschweine schubberten ihre Leiber an unseren Stämmen – ganz behutsam, um uns nicht zu schädigen. Meine Geschwister, alle mit sehr schönem Wuchs, standen um mich herum. Vor ein paar Jahren hatten uns die Menschen als Setzlinge hierher gebracht und eingepflanzt – in eine Schonung, wie unser Förster es nannte. Der Förster kam oft und sprach einfühlsam mit uns, und wir hatten stets viel Spaß miteinander. Von ihm erfuhren wir, unsere Eltern würden irgendwo in dem großen, benachbarten Wald leben. Immer wenn er kam, richtete er Grüße von ihnen aus. Das Leben war gut so, und niemals hätte ich mir vorstellen können, das eines Tages plötzlich alles ganz anders sein würde.

Gestern kamen Menschen mit Lastwagen und hielten am Rand unserer Schonung. Nachdem sie abgestiegen waren, gab es einen Riesenlärm. Mit Kettensägen schnitten sie die meisten von uns kurz über dem Boden ab. Nur mich und zwei andere Bäumchen ließen sie stehen. Meine Verwandten und befreundete Tannen wurden brutal auf die Lastwagen geworfen, und nachdem die abgefahren waren, war es so still, wie ich es noch nie erlebt hatte.

„Das ist wie Friedhofsruhe", sagte der Förster, der zufällig vorbeigekommen war und sich nun kopfschüttelnd umsah. Er erklärte uns drei unglücklichen Bäumchen, die von den Sägen verschont geblieben waren, dass die Menschen alljährlich einen grausamen Brauch pflegten. Sie stellten Tannen nach dem Absägen und bevor sie gänzlich abgestorben waren in ihre Häuser, hängten Glaskugeln und Kerzen daran, beschenkten sich und machten dabei fröhliche Gesichter. Es ist mir ein Rätsel, wie jemand auf dem Elend anderer glücklich sein kann, aber ich kenne die Menschen wohl nicht gut genug, um das verstehen zu können.

Der Förster vermutete, dass wir, die man stehen gelassen hatte, den Menschen wohl nicht schön genug gewesen seien, um uns in ihre Häuser zu stellen. Als er wieder gegangen war, wurden wir Drei traurig. Ich fühlte mich verlassen und missachtet. Zwar wusste ich, dass ich nicht so schön und gerade gewachsen war wie meine Verwandten, aber irgendwo hätte man doch auch mich gebrauchen können, dachte ich. Lieber ein baldiges Ende in einer Menschenwohnung als verschmäht mit wenigen Leidensgenossen stehen gelassen zu werden, ohne zu wissen, was einmal werden soll.

Inzwischen habe ich selbst Erfahrungen mit den Menschen gemacht. Heute morgen hörten wir Kinderlachen. Zwei Frauen und eine ganze Schar Kinder waren plötzlich um uns herum. Ganz vorsichtig gruben sie uns aus und pflanzten uns in Töpfe. Es tat überhaupt nicht weh, und bald nahmen sie uns mit in ihre KITA. Dort stellten sie uns in einem großen Raum auf, schmückten uns und hatten Spaß dabei. Sie spielten zwischen uns Verstecken und krochen mit Spielzeug umher. Wir mochten uns. Am Nachmittag spielte eine Frau Gitarre, und alle standen mit leuchtenden Augen um uns herum und sangen. Wir Drei fühlten uns geachtet.

Es heißt, bald werden alle abgesägten Tannen achtlos auf einen großen Haufen geworfen und entsorgt. Meine Familie werde ich deshalb wohl nicht wiedersehen. Aber wir drei Bäumchen werden nach Weihnachten von den Kindern draußen eingepflanzt, und dann können sie das ganze Jahr um uns herumtollen. Darauf freuen wir uns schon alle. So ein Tannenbaumleben ist doch gar nicht schlecht, wenn man nicht gleich abgesägt wird.

Was sich seinerzeit vor Sigmar Gabriels Rücktritt zutrug

Anke sagte kein Wort. Trotzig hatte sie die Lippen aufeinandergepresst, und die in ihr aufsteigende Wut sprang ihm aus Augen entgegen, die von den zusammengezogenen Augenbrauen fast erdrückt wurden. Die Ellenbogen auf den Tisch gestemmt, schlürfte sie beidhändig aus dem Kaffeepott mit der Aufschrift *Mausi*.

Zu gern wäre Sigmar diese Szene erspart geblieben. Im Büro würden sie ihm wie stets alle Frühstückswünsche von den Augen ablesen – von allem ein Stück mehr, wie immer. Aber diesmal würde er sich nicht dorthin verdrücken können. Typisch, wie Frauen es immer wieder schafften, einem den Tag zu versauen, wenn man gerade nichts Böses ahnte. Es hätte so einfach und stressarm ablaufen können. Ein Gespräch mit dem Vertreter der Hygieneartikelindustrie, ein paar Akten wegarbeiten, einige Anweisungen an die zuständigen Referatsleiter – das hätte es gewesen sein können.

Stattdessen nun Anke, die ihm schon wieder ein schlechtes Gewissen machen wollte. Würde sie diesmal etwa damit durchkommen? Zu viele Standpauken hatte sie ihm in den letzten Monaten gehalten. *Mausi* sah entschlossen auf und blickte Sigmar zwingend an.

„Entweder deine Pseudosozis oder ich. Du reißt da sowieso nichts mehr. Der Versuch deiner Kanzlerschaft wird zur Schande für uns alle, wenn du erwartungsgemäß bei knapp 20% landest. Sogar Helga stichelt schon, und die ist dir häufig genug in den Arsch gekrochen."

Hörbar schlürfte *Mausi* kurz aus ihrem Kaffeepott, um dann – noch halb schluckend – auf den Punkt zu kommen: „Such dir einfach einen Trottel, der dieses Opfer gerne auf sich nimmt, oder der SPD-Kanzlerkandidat steht ohne Frau da. Weil die sich nämlich scheiden lässt. Und die Kinder kommen mit!"

Sigmar musste erst einen aufkommenden Schwächeanfall überwinden. Dann griff er zum Hörer, betätigte eine Kurzwahltaste und sagte drei Sekunden später: „Wann ist denn der Genosse Martin Schulz wieder in Berlin?" Nachdem er sich die Antwort angehört hatte, sagte er abschließend: „Dann arrangier doch mal kurzfristig einen Termin mit diesem Trottel."

Mausi sah erstaunt auf und, und ihr Blick wurde versöhnlicher. Dann ließ sie langsam den Kaffeepott sinken. „Na also, geht doch", sagte sie triumphierend.

In Sigmar stieg der Verdacht auf, Anke könne vielleicht doch in die Zukunft sehen. Vielleicht ahnte sie längst, wie sich die Lage in der SPD noch entwickeln würde.

Allmählich, dachte er, ist es Zeit, sich auf einen guten Vorstandsposten einzulassen. Mit einem entschlossenen Griff legte er die Innentasche seines Sakkos frei und zog mit spitzen Fingern und leicht angeekeltem Blick sein Adressbuch heraus. Wenn auch die übliche Schamfrist von zwei Jahren einzuhalten war, konnte er ja schon mal seine Chancen ausloten.

Da kann ja schon mal die Maske verrutschen

Seit ich Mitglied bei der AfD bin – so circa ein Jahr – fühle ich mich schon viel ausgeglichener als vorher. Dieser Austausch mit Gleichgesinnten, die wie ich längst begriffen haben, was heutzutage in Deutschland alles falsch läuft, tut mir richtig gut. Und man erfährt ja auch in diesen Gremiensitzungen viele Dinge, die einem vorher gar nicht so klar waren. Es hilft einem, all die Ungeheuerlichkeiten in diesem Land zu erkennen und einzuordnen. Auch im zwischenmenschlichen Bereich kommt man sich da schnell näher, und man begreift, wie wichtig das möglichst baldige Einreißen der Strukturen dieser links-grün-versifften Gutmenschengesellschaft ist. Ja, und ich bin froh, daran mitwirken zu können.

Alle zwei Wochen donnerstags findet am Abend unsere Parteigruppenversammlung statt. Da geht es immer hoch her. Wir versuchen da immer, die Tagesordnung in zwei Stunden abzuarbeiten, aber oft dauert es doppelt so lang. Denken macht durstig. Bis die Sitzung geschlossen wird, habe ich dann so an die acht Bierchen intus. Bis dahin haben wir uns bemüht, alle anstehenden Fragen in unserem Herrschaftsbereich abzuarbeiten:

Zum Beispiel welche Aktionen von uns gemacht wurden, um die Ahnungslosigkeit der Bevölkerung abzubauen, und welche Funktionen all diese politischen Entscheidungen haben, mit denen alle links von uns stehenden Parteien versuchen, die angestammte Bevölkerung noch mehr zu entmündigen, ihr die ganze Multikultischeiße aufzuschwatzen und so den Boden für eine Gesellschaft vorzubereiten, in der grundsätzlich und vorrangig Platz findet, was nicht deutsch ist. All diesen Typen, die unsere deutschblütigen Kinder durch nachgiebige Erziehung verweichlichen, anstatt sie zu tüchtigen Menschen zu erziehen, muss endlich das Handwerk gelegt werden. Gemeint sind solche Leute mit Gutmenschenimpetus und aufgesetztem demokratischem Getue, die immer zu wissen glauben, was für uns Deutsche gut ist. Denen muss die Macht, unsere Jugend zu verderben, endlich aus der Hand geschlagen werden. Anstand, Sitte und deutsches Brauchtum nach Maßstäben, die jahrhundertelang galten und unsere Identität begründeten, muss endlich wieder Geltung verschafft werden. All diesen Typen, die leicht am Doppelnamen zu erkennen sich, muss die Macht, unsere Jugend zu verderben, endlich aus der Hand geschlagen werden. Anstand und Sitte nach den althergebrachten deutschen Maßstäben müssen endlich wieder Bedeutung bekommen.

Zugegeben, nach mehreren Stunden werden unsere Sitzungen zunehmend schwieriger, weil man Mühe hat, sich verständlich zu machen. Das liegt dann aber nicht an den behandelten Themen, sondern daran, dass bei dem Bierkonsum die Disziplin und die Artikulationsfähigkeit nachlassen. Aber das kennen Sie ja wahrscheinlich auch von Ihren Stammtischrunden in der Kneipe, die ja wohl nach ähnlichem Muster verlaufen.

Irgendwann ist dann aber doch Sitzungsschluss, und dann gehen wir zum gemütlichen Teil über. Die paar Frauen unter uns und jene Männer, die uns anderen zwanghaft ein glückliches Familienleben vorspielen müssen, verabschieden sich bald und wünschen augenzwinkernd einen schönen Abend. Und dann geht der Rest geschlossen, aber ohne Tritt – also für diejenigen unter Ihnen, die nicht gedient haben: ohne Gleichschritt – in den nächsten Puff.

Was man da heutzutage so antreffen muss, beweist nachdrücklich, wie notwendig und überfällig es ist, dass wir von der AfD endlich in diesem Land das Sagen haben. Da tummeln sich ja Gestalten aller Haut- und Haarfarben, deren deutscher Wortschatz sich auf die Fähigkeit beschränkt, den Preis auszuhandeln und nach den Vorlieben zu fragen, die der deutsche Kunde beim Vögeln so hat.

Einerseits, denke ich, ist es doch gut, dass eine solche Lottertätigkeit nicht von unseren deutschen Frauen gemacht werden muss. Andererseits haben wir hier ein weiteres Beispiel für die Erkenntnis, die meine Partei antreibt: Kein Bereich bleibt davon verschont, dass Ausländer den Deutschen die Arbeit wegnehmen, Aber eigentlich ist Prostitution deutschen Frauen doch gar nicht zuzumuten. So was ist ja keine richtige Arbeit, sondern eher Vergnügen, und da können diese Weiber aus aller Welt doch froh sein, dass sich Deutsche mit ihnen einlassen und sie obendrein auch noch Profit daraus schlagen. Wenn man das alles so durchdenkt, ist es doch gut, wenn wir diese Typen einmal etwas sinnvolles tun lassen.

Es gibt ja noch mehr Bereiche mit niedrigen Arbeiten, für die es gut wäre, wenn Deutsche nicht damit belastet würden. Müllabfuhr und Kanalreinigung, aber auch all die schlecht bezahlten Jobs bei den Paketdiensten oder in Schnellimbissen. Aber so etwas geht ja nicht von heute auf morgen, und solange sich die vielen Ausländer noch bei uns ein gutes Leben machen und den Deutschen Arbeitsplätze wegnehmen, wird sich da nichts ändern. Aber das hat ja auch sein Gutes. Wer als Deutscher einen schlecht bezahlten Job hat und stetig in der Angst lebt, ihn zu verlieren, kommt eher auf die Idee, sich seine ausländischen Konkurrenten vom Hals zu schaffen. Das sind die Leute, die uns massenhaft wählen und eines gar nicht so fernen Tages dafür sorgen werden, dass wir endlich bestimmen, wo es in Deutschland langzugehen hat.

Bald gehört Deutschland wieder uns, und da stören die paar Ausländerinnen, die dann noch in den Puffs anzutreffen sind und zu ihrer eigenen Sicherheit das Maul halten, eigentlich nicht. Denn wie gesagt – das ist ja eigentlich keine Arbeit, um die sich deutsche Frauen dann noch rangeln werden, und außerdem gehen die ja bei uns ihrem Vergnügen nach.

Ich hoffe, Sie davon überzeugt zu haben, wie wichtig es ist, dass Sie bei den kommenden Wahlen Ihr Kreuz an der richtigen Stelle machen.

Wut?

Sie haben mein Konto überzogen
Statt Guthaben nur noch Wut haben?
Soll ich kündigen?
Den Rest an Vertrauen abheben?
Der Wut freien Lauf lassen?

Oder kann die Vernunft doch noch siegen
Wenn schon nicht bei denen
Dann wenigstens bei mir?
Gehört nicht stets auf einen groben Klotz
Auch ein grober Keil?

Soll ich sie gewähren lassen in ihrer Idiotie
In ihrem völkischen Wahn
Und ihrem dunklem Rassismus?
Schluss damit – denen kein Kredit mehr!
Kein weiteres Stillhalten!

Gegenwehr ist nun unabweisbar
Angesichts dieser unsäglich dummen Mischung
Aus autoritärem Geist und Angst um die eigene Zukunft
Dieses gesellschaftstötende Gebräu
Ist als solches zu entlarven!

Jetzt gilt: Mut statt Wut!

www.abhaengig.de

Alles fing so harmlos an. Seit kapitalistisches Gewinnstreben durch überraschende Verkaufsideen begonnen hat, unser Leben zu bestimmen, dachten wir bei jeder Neuerung, nun könne es eigentlich keine Steigerung mehr geben – und doch gab es sie jedes Mal. Das dahinter verborgene Prinzip ist bekannt als „Enteignung von Fähigkeiten". Gemeint ist damit, dass Menschen ihr Können, das sie ohne besondere Anstrengung für sich entwickelt haben und für ein selbstständiges Leben kostenfrei nutzen, nach und nach genommen wird. Dafür bekommen sie einen verführerischen Ersatz, den sie bezahlen müssen. Massenproduktion, eingebauter Verschleiß und Produktwerbung wären ohne diesen Mechanismus nicht denkbar. Eine scheinbare Lebensverbesserung durch Produkte verführt uns dazu, unsere Fähigkeiten ungenutzt zu lassen, ursprünglich erworbene Fähigkeiten gehen so verloren, und wir geraten zunehmend in Abhängigkeiten.

Trickreich machte Rockefeller seine ersten Millionen: Er verschenkte unter der Landbevölkerung in aller Welt Petroleumlampen und lieferte dazu billiges Petroleum. Als die Leute ihre alten Tranfunzeln weggeworfen hatten und von seinen Produkten abhängig geworden waren, stiegen die Petroleumpreise um ein Vielfaches. Diesem Prinzip folgt jeder Prozess, der in kapitalistisch ausbeutbare Abhängigkeiten führt. So verlernten zum Beispiel die Leute das Singen, weil sie Musikkonserven konsumierten, das Kochen, weil sie von industrieller Fertignahrung abhängig wurden, und das Geschichtenerzählen in gemeinsamer Runde, weil sie sich mit Hollywoodfilmen und klischeehaften Büchern andauernd berieseln ließen.

202

Seit es das Internet und mit ihm unzählige neue Verkaufskanäle gibt, läuft das alles noch schneller und unter Umgehung des Zwischenhandels ab. Kein Lebensbereich bleibt verschont. Abgesehen von Verkaufsplattformen wie Amazon oder ebay werden uns über unzählige Kanäle Dienste angeboten, die wir eigentlich nicht bräuchten, wenn wir uns auf unsere vorhandenen Fähigkeiten besinnen würden. Ein nur blasses Beispiel ist dabei www.parship.de, denn Kuppeldienste für Leute, die sonst nur schlecht an einen Partner kamen, gab es zu allen Zeiten.

Im letzten Monat wurde ich allerdings hellhörig, als die Werbung für www.scheidung.de über den Bildschirm lief. Konsequent weitergedacht, wird künftig auch der intimste Lebensbereich nicht von kapitalistischem Gewinnstreben verschont bleiben. Wie weit sind wir wohl noch entfernt von Angeboten, für die auf Plattformen wie www.denken.de, www.stuhlgang.de und schließlich www.atmen.de geworben wird?

Als ultimatives Angebot fällt mir dazu nur noch eine Dienstleistung über www.selbstmord.de ein – aber die wird dann sicherlich nur gegen Vorkasse zu haben sein.

Biografie

Hans-Jürgen Fischer, Jahrgang 1949, wächst als Staatenloser in Hannover auf. Mit 17 Jahren wird er Deutscher. Nach hartnäckiger Schulverweigerung verlässt er 1965 ohne Abschluss die Volksschule. Er bricht zwei Handwerkslehren ab, wird dann Seemann, Fabrikarbeiter, Soldat und Kraftfahrer. Mit vierundzwanzig Jahren schafft er den ersten Schulabschluss nach Abendkursen, es folgen Tischlerlehre und weitere Abschlüsse, die schließlich zum Studium berechtigen. Bei seiner Biografie und der Empathie für benachteiligte junge Menschen wird er konsequenterweise Sozialpädagoge. Über dreißig Jahre arbeitet er als Jugendzentrumsmitarbeiter, Jugendgerichtshelfer, Leiter eines Ferienlagers und Koordinator für Kinder- und Jugendarbeit.

Erst mit fünfundvierzig Jahren entdeckt er für sich das biografische und kreative Schreiben für sich als Chance, Verdrängtes zu bearbeiten. Autobiografische Kurzgeschichten entstehen, Kindergedichte, Limericks, ein erster Roman. Veröffentlichungen in mehreren Anthologien folgen. Kurz vor dem Eintritt in den Ruhestand beginnt er 2011 ein Studium zum Schreibpädagogen (Biografisches und Kreatives Schreiben), das er im Januar 2014 mit dem „Master of Arts" abschließt. Seitdem leitet er Schreibwerkstätten für unterschiedliche Gruppen, in denen er stets das Kreative Schreiben mit politischem Anspruch verbindet. In einem Fachbuch für Schreibpädagogen entwirft er ein Konzept für Biografisches und Kreatives Schreiben mit Langzeitarbeitslosen. In einem weiterem Roman erzählt er die Geschichte seines Vaters,

der als tschechischer Zwangsarbeiter in Nazi-Deutschland über-
leben musste.

Buchveröffentlichungen

Sandros Strafe – Roman über den Amoklauf an einer Schule.
Verlag Edition Thaleia, Bibliothek Neue Prosa, St. Ingbert 2012,
ISBN: 978-3-924944-98-8

Auf den zweiten Blick – Ein unbequemes Lesebuch,
BoD 2015, Norderstedt,
ISBN: 9783738650662

Schreiben gegen das Abgeschriebensein – Eine biografisch-
kreative Schreibwerkstatt mit Langzeitarbeitslosen in Theorie und
Praxis,
BoD 2016, Norderstedt,
ISBN:9783839162262

Bei den Herrenmenschen – Die Geschichte eines Zwangsarbeiters,
Historischer Roman, BoD 2018, Norderstedt,
ISBN: 9783752842784

FSC

www.fsc.org

MIX

Papier aus ver-
antwortungsvollen
Quellen

Paper from
responsible sources

FSC® C105338